Caminando sobre un texto español

스페인어 텍스트 산책

| 한국외국어대학교 스페인어과 |

HU:iNE

머리말

다른 외국어들과 마찬가지로 대학에서 스페인어를 전공하기 위해서는 1, 2학년 때 기본적으로 여러 종류의 필수과목들을 이수해야 하는데, 이 책은 그중에서도 가장 핵심적인 과목이라 할 수 있는 2학년 읽기를 위한 교재이다. 이 책을 위하여 스페인어권 제반 국가들과 관련된 문학, 역사, 과학, 사회, 정치, 경제 등 다양한 분야와 주제의 글들을 우리 학생들의 실정에 맞게 외대 스페인어과 소속 3인의 국내 진필진과 3인의 원어민 선생들이 심혈을 기울여 저술 · 편집하였다. 단순히 기존에 존재하는 글들을 일방적으로 싣는 것을 지양하고 6인의 집필진이 세심하게 서로의 의견을 교환하며 학생들의 스페인어 수준과 취향 등을 고려하여 새로이 저술하거나 편집하였으므로, 스페인어를 전공하는 학생들은 물론이고 스페인어 실력을 좀 더 심화시키고자 하는 일반인들에게도 충분히 유용한 교재가 될 것으로 사료된다.

각 과마다 포함된 연습문제들은 대학에서 수업을 담당하는 교수가 실제로 수업을 진행하면서 학생들의 스페인어 실력과 학과의 이해도를 측정하기 위해 사용되는 것을 목적으로 수록한 것이므로 연습문제에 대한 별도의 문제풀이와 정답은 포함시키지 않았음을 미리 밝혀두는 바이다.

끝으로 이 책이 출판되기 전 교정 작업을 헌신적으로 도와준 한국외국어대학교 대학원생 이현준 군과 출간을 허락해주신 한국외국어대학교 지식출판원에도 심심한 사의를 표한다.

2012년 2월

저자 일동

tabla de materias

I HISTORIA 7

II LITERATURA 43

III ECONOMÍA 77

IV CIENCIA NATURAL 129

V CULTURA 161

VI SOCIOLOGÍA 193

I

HISTORIA

Lección 1 La Malinche

Objetivos :

En esta lección vas a:

- Conocer sobre la conquista de México.
- Aprender acerca del inicio del mestizaje en América.
- Conocer una leyenda de fantasmas.

Antes de leer :

1. Investiga quién fue Hernán Cortés.

2. Investiga la importancia del Imperio Azteca.

Códice donde se ve a la Malinche sirviendo de intérprete a Hernán Cortés.

La Malinche

La Malinche es un personaje histórico del México de tiempos de la Conquista y ha estado envuelto en la **polémica** durante los últimos 500 años. Su figura se ha convertido en mito nacional y tiene diferentes significados, desde el de ser el símbolo de la traición a los indígenas prehispánicos, el de la madre de la nación mestiza, el de la primera mujer con importancia en la historia mexicana, hasta el de ser una figura que **reivindica** luchas feministas y representa el puente entre la cultura indígena y la europea.

Históricamente, la Malinche, de quien los historiadores señalan como su verdadero nombre *Malinalli Tenépatl* o Malintzin, al parecer fue hija de un **cacique** de **Coatzacoalcos**, perteneciente al Imperio Azteca. Según la costumbre de esa época, fue cedida como esclava a otros caciques de Tabasco, en el área maya, luego de un conflicto entre ambos señores. De esta manera, Malintzin llegó a dominar el idioma maya al igual que el **náhuatl**, su lengua nativa.

---

polémica: debate, discusión.

reivindicar: valorar positivamente algo o a alguien.

cacique: forma en que llamaron los españoles a los jefes o autoridades indígenas.

Coatzacoalcos: antigua comunidad prehispánica; actualmente ciudad del estado mexicano de Veracruz.

náhuatl: lengua de los aztecas y otros grupos indígenas de México.

Esto quizá no hubiese sido de mayor repercusión para su vida si no fuera porque en ese tiempo fue cuando desembarcaron en Veracruz los españoles Hernán Cortés y su pequeño ejército. El conquistador español había rescatado de un pueblo maya a Jerónimo de Aguilar, que había aprendido la lengua maya y servía de intérprete a Cortés con los pueblos de esa área que iban encontrando a su paso. Luego de derrotar al cacique de Tabasco, ahora éste le regala a la Malinche como esclava junto con otras 19 mujeres. Así quedó unido el destino de Malintzin al de quien sería el conquistador de la Nueva España.

Conforme Cortés avanzaba hacia el centro del país, los pueblos pasaban de ser hablantes de maya a hablantes de náhuatl. En la primera etapa de su aventura, a Cortés le funcionó como intérprete Jerónimo de Aguilar, pues éste hablaba español y maya, sin embargo, cuando se encontraron en tierras del Imperio Azteca, fue necesario alguien que supiera náhuatl. En ese momento la Malinche comenzó su papel como intérprete de los españoles. Sin embargo, había un problema, ella no hablaba español, por lo que había que hacer una doble traducción, la Malinche le decía a Jerónimo de Aguilar lo que decían los caciques aztecas, y éste traducía al español a Cortés. Jerónimo de Aguilar nunca llegó a aprender náhuatl, pero por otro lado, la Malinche sí aprendió en poco tiempo a hablar español, cuestión que hizo que Aguilar ya no fuera necesario. Así se convirtió la Malinche en la "lengua" de

Fragmento del mural "Cortés y la Malinche" del pintor José Clemente Orozco. *(Foto con licencia CC)*

Cortés (forma en que llamaban los españoles a la india).

Hubo otro factor del que los historiadores comentan que fue de gran importancia para Cortés, y por lo que algunos **detractores** de la Malinche la acusan de "traidora", y es que además de servir de intérprete, la Malinche supuestamente también les enseñó a los españoles las tradiciones de su pueblo, costumbres, religión, sociedad, entre muchas otras cosas, cuestión que le sirvió a Cortés con el fin de planear su estrategia para vencerlos. Incluso se dice que en cierta ocasión en que Cortés estaba entrevistándose con unos señores aztecas, estos dijeron en su lengua que atacarían a los españoles cuando estuvieran descuidados. Supuestamente la Malinche le dijo esto a Cortés, por lo que pudo prepararse y vencer a los guerreros indígenas. Estas circunstancias, muchas de ellas imposibles de ser probadas en realidad, contribuyeron a crear la leyenda de la Malinche como la gran traidora de su pueblo y en cierto grado causante de la conquista.

Sin duda esto es exagerado, pero por si eso fuera poco, también se la acusa de haberse entregado sexualmente al conquistador, de acceder a ser su mujer de manera incondicional, de aceptar ser su amante, ya que como es obvio, Cortés nunca se casó legalmente con ella. Por otra parte, también se dice que accedió a convertirse al catolicismo, negando su religión y su cultura madre. A partir de su bautizo cristiano, se le dio el nombre de Marina, aunque se la conoce en general como la Malinche.

Otro aspecto de su mito corresponde al del ser la madre de la nación mestiza mexicana, ya que de su relación con Cortes tuvo al llamado primer mestizo español-indígena, quien en efecto se llamó

---

detractor: quien está en contra de algo o alguien; enemigo, contrario, acusador.

Martín Cortés, sin embargo, como también es evidente, el conquistador nunca lo reconoció legalmente como su hijo. A esta circunstancia se le han atribuido varios significados simbólicos, por un lado, la Malinche sería el símbolo de la mujer indígena violada por los conquistadores, y su hijo como el producto **bastardo** de esa relación. Así la Malinche sería la madre original del México mestizo, un pueblo que supuestamente lleva consigo el trauma de la madre forzada violentamente, por lo que históricamente los mexicanos son en cierta forma huérfanos de padre, ya que su padre original, el pueblo azteca, fue asesinado, y su madre usada como **botín** sexual. Si esta explicación tiene un lado negativo, los que aceptan que finalmente la cultura española es parte de la identidad nacional mexicana le atribuyen a la Malinche el ser el símbolo del **sincretismo** entre ambas culturas en un sentido positivo.

En tiempos contemporáneos, y en el contexto de la revolución feminista, la Malinche ha sido reivindicada por grupos feministas que argumentan la importancia de una mujer en una empresa que generalmente está ligada a los hombres, es decir, la de la estrategia de la guerra. Otros, a su vez, reconocen en ella a una mujer que superó su condición femenina a partir de su inteligencia, ya que de no haber sido la Malinche **políglota,** es decir, hablante de las tres lenguas más importantes de ese momento histórico, esto es, el maya, el náhuatl y el español, quizá no hubiese pasado de ser eso, una mujer al servicio sexual y doméstico de los conquistadores. Esto tiene tanto

---

bastardo: hijo a quien no lo reconoce su padre legalmente; huérfano.

botín: beneficio que se obtiene después de ganar una batalla; el producto de un robo o saqueo. (botín de guerra)

sincretismo: la unión y mezcla de dos culturas donde una es la dominante y la otra la dominada.

políglota: relativo a la persona que habla varios idiomas.

"La Llorona", representación artística contemporánea del mito. (*Foto con licencia CC)*

de cierto que a pesar de los aspectos negativos que se le adjudican a la Malinche, es la única mujer indígena que aparece en la historia mexicana, y no como una simple referencia, sino como personaje profundamente significativo.

A lo largo de los años, a la Malinche también se la ha relacionado con una leyenda de fantasmas muy famosa desde tiempos de la Colonia, la leyenda de la Llorona. Según cuenta la leyenda (entre varias versiones que existen), se trata de una mujer que luego de tener amores **ilícitos** con un hidalgo español, y para tratar de que él no la deje, ahoga a sus hijos en el río porque los ve como una carga y la causa de que la deje el español. Continúa el relato diciendo que justo después de ahogarlos se arrepiente por lo que ha hecho y se vuelve loca de dolor y culpa. Algunas versiones dicen que ahí mismo ella se lanza al río y se ahoga, pero que su alma, por el gran pecado cometido, no puede descansar en paz y está condenada a vagar eternamente. Incluso en la actualidad, hay mucha gente que asegura que ha visto a una mujer misteriosa que se aparece en los caminos solitarios, vestida con una túnica blanca, flotando sobre el suelo y lanzando desgarradores y terroríficos gritos que dicen: "¡Aaaayyyy, miiiis hijooosssss!". Se dice que quien la encuentra muere instantáneamente. Independientemente de la veracidad de esta leyenda, otro significado que se ha dado al mito de la Malinche es que la leyenda de la Llorona es una

---

ilícito: fuera de la ley, prohibido.

forma de señalar cómo la Malinche igualmente llora por sus hijos (todos los mexicanos mestizos) a quienes traicionó.

Finalmente, un significado popular, negativo también, que se le ha dado al mito de la Malinche es el de la preferencia por lo extranjero en lugar de lo nacional. Así es como se creó el término *malinchismo*, que se refiere al desprecio por todo lo mexicano, ya sean productos, cultura, gente, etc., y la sobrevaloración por lo que viene de fuera por el simple hecho de ser extranjero sin realmente importar la calidad. No es raro escuchar a alguien que le diga a otro mexicano que le gusta cualquier cosa extrajera que es un malinchista.

Así es como la Malinche o Malintzin o Marina sigue siendo parte importante de la cultura nacional, ya sea desde apreciaciones negativas o desde enfoques más serios y reivindicadores de su importancia como figura histórica nacional.

Gerardo Gómez Michel

Ejercicios

I. Vocabulario

Eres el intérprete de los conquistadores. Reescribe con palabras sencillas, utilizando diferentes formas para decir el significado de las siguientes frases y luego léelas a un compañero y compara lo que escribió él.

1. "Venimos a tomar posesión de estas tierras en nombre del Rey y de la verdadera fe cristiana".

2. "Somos españoles y queremos civilizarlos".

3. Busca y escribe un significado distinto para los siguientes términos que sea diferente al que tiene en el texto, puedes utilizar significados metafóricos o simbólicos.

Ejemplo: **Pueblo**: lugar habitado por una comunidad, más pequeño que una ciudad.

Pueblo: conjunto de personas que forman una nación o país.

Conquistar: vencer a otro pueblo o nación y tomar su territorio.

Conquistar: ______________________________

Convertirse: cambiar de religión.

Convertirse: ______________________________

Bastardo: hijo ilegítimo, nacido fuera del matrimonio.

Bastardo: ______________________________

Llorona: leyenda sobre una mujer que mató a sus hijos.

Llorona: ______________________________

II. Comprensión del texto

Responde las siguientes preguntas según explica el texto.

1. ¿Por qué se considera a la Malinche como "traidora" de su pueblo?

____

____

____

2. ¿Qué quiere decir el término "malinchismo"?

____

____

____

3. ¿Por qué se considera que la Malinche es un personaje femenino importante en la historia de México?

____

____

III. Gramática

Del nombre propio *Malinche* se deriva el adjetivo *malinchista*, y el sustantivo *malinchismo*. Usa esta forma de derivación con las siguientes palabras y busca su significado en el diccionario:

Colonia: ______________________

Femenino: ______________________

Nación: ______________________

IV. Discusión

Contesta dando tu opinión.

1. ¿Crees que existe en Corea el fenómeno del "malinchismo"? Explica tu respuesta.

____

____

____

2. ¿Qué hubieses hecho si hubieses estado en el lugar de la Malinche?

____

____

____

Lección 2

El mito maya de la creación del Hombre de Maíz

Objetivos :

En esta lección vas a:

- Aprender acerca de la mitología de los mayas.
- Conocer sobre la forma como medían el tiempo los mayas.

Antes de leer :

1. Investiga en qué países se habla la lengua maya actualmente.
2. Investiga sobre los diferentes calendarios en el mundo.
3. Investiga quién fue Hernán Cortés.

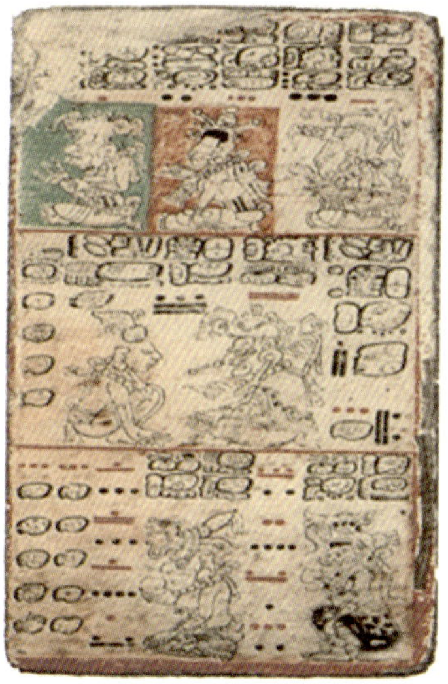

Códice Dresden donde se ve cómo era la escritura original de los mayas.
(Foto con licencia CC)

El mito maya de la creación del Hombre de Maíz

En general, en todas las culturas antiguas los hombres necesitaron explicarse el origen de su existencia. Para ello recurrieron a la creación de diferentes mitos. La mayoría de estas historias tuvieron bases religiosas o cosmológicas que exponían el porqué de la existencia de la humanidad y el equilibrio con el mundo que los rodeaba.

Los antiguos mayas que habitaron parte de Mesoamérica desde muchos siglos antes de que llegaran los europeos crearon su propio mito de la creación del hombre. Esta historia se relata en el libro sagrado de los mayas quiché llamado *Popol Vuh*, que significa "el libro de la comunidad". La región que habitan actualmente los mayas quiché se encuentra en Guatemala, pero esta **etnia** en realidad tiene sus orígenes en tiempos **prehispánicos** y tuvo un fuerte imperio hasta que fue conquistada por los españoles en 1524.

Se cree que el *Popol Vuh* fue escrito originalmente en lengua maya quiché sobre piel de venado o corteza de árbol. Se supone

---

etnia: grupo o comunidad humana que comparte la misma cultura.

prehispánico: referente a la época anterior a la llegada de los españoles al continente americano.

también que fue escrito en la escritura jeroglífica que usaban los mayas antes de la conquista. Sin embargo, nunca se ha encontrado el manuscrito original, ni pruebas contundentes de que haya existido en realidad. Lo que sirve de base al actual libro conocido es un manuscrito en lengua maya pero escrito con **caracteres** latinos, lo que quiere decir que forzosamente fue hecho después de que llegaran los españoles. Esta versión fue traducida al español por el padre Francisco Jiménez en el siglo XVIII. Muchos estudiosos han señalado la gran similitud que tiene el mito de la creación de los hombres mayas con el mito de la creación que proviene del libro del Génesis con el que comienza la Biblia. De cualquier forma, evidentemente en el *Popol Vuh* se recrea la aparición de la humanidad sobre la tierra desde un punto de vista que nos habla de la tradición de la cultura maya y de su relación con el entorno natural.

El mito de la creación del hombre maya tiene una relación con la creación del mundo. Para algunos que se refieren a la increíblemente avanzada cultura astronómica de los mayas, en realidad se trata de una metáfora de la creación del Universo desde el ahora llamado **Big-Bang.** Es decir, para quienes creen que los mayas alcanzaron a descubrir secretos del Cosmos que apenas se han empezado a conocer en épocas contemporáneas, el *Popol Vuh* estaría escrito en clave simbólica para explicar el verdadero inicio de lo que hoy conocemos como Universo. Un argumento para explicar esta teoría refiere la increíble exactitud del calendario maya. A diferencia del calendario que hoy se utiliza en casi todo el mundo, el gregoriano, que pasó por diferentes ajustes debido a su falta de precisión, el calendario maya por el contrario fue concebido como una forma

---

caracteres: los signos o letras de cualquier tipo de escritura (latinos: del idioma latín).
Big–Bang: teoría científica de la creación del Universo.

de entender los ciclos astronómicos y su relación con la naturaleza de la que depende el hombre. Así, el calendario maya consta de 18 meses de 20 días y cinco días adicionales que suman los 365 que dura la Tierra en trasladarse alrededor del Sol. Por otra parte, este calendario comenzaba su ciclo en lo que ahora llamamos el mes de julio, temporada importante para la agricultura en la región maya. Por otra parte, si bien el ciclo del año maya es de 365 días, su sistema tenía además una **periodicidad** que medía ciclos de 52 años en los que comenzaba un "siglo maya" de nuevo. Por otra parte, el calendario maya se basa sobre todo en los astros con los que está más relacionada la Tierra, esto es, el Sol, la Luna, y Venus, también llamada la estrella de la mañana, y su precisión indica que bien tenían estudiados estos cuerpos celestes los antiguos mayas.

De esta manera, para los mayas, el comienzo de la creación comenzó a partir de un caos **primigenio,** donde reinaba la oscuridad y el silencio. Luego de eso, los cielos se abrieron y la tierra fue separada de las aguas de los océanos. Es difícil probarlo, pero es posible pensar que esta es una explicación de lo que hoy conocemos como el movimiento de las masas continentales y que a través de milenios fueron formando los continentes modernos. Como en otras culturas antiguas, el simbolismo que hay detrás del ciclo entre la noche y el día, los mayas también lo figuraron como una lucha entre el Sol y la oscuridad, lucha de la cual, por supuesto, el Sol surgía vencedor cada día por la mañana cuando lograba vencer a los señores del Inframundo o Xibalba en lengua maya.

En el mito de la creación del hombre, los mayas aluden a una fuerza creadora, una divinidad doble que llaman los progenitores

---

periodicidad: periodo de tiempo que se repite constantemente.
primigenio: primero, original, inicial.

llamados Tepeu y Gukumatz. A diferencia de la teología judeo-cristiana, que propone un dios creador **omnipotente**, estas deidades **progenitoras** son dos y al mismo tiempo una, es decir, la cosmovisión maya contempla en todo momento la dualidad de fuerzas positivas y negativas que hay en el mundo, como el día y la noche, la vida y la muerte, la germinación del fruto y su posterior descomposición, y todo ello en realidad es uno mismo, porque hacen falta las dos caras para que la vida continúe y siga siendo creada. En otras palabras, del caos surge el orden, pero no puede haber orden sin un caos precedente, es necesario el caos, por más destructivo que nos parezca es al mismo tiempo parte creativa de la vida y del orden. En muchos sentidos, la religión maya, sus ideas y filosofía se relacionan mucho con la cosmovisión oriental del Yin y el Yang.

Aunado a esta cosmovisión de las fuerzas creadoras que pueden ser destructivas, y sugiriendo de alguna manera que no hay un dios omnipotente sin errores, el mito maya de la creación del hombre cuenta que los dioses de hecho se equivocaron dos veces antes de lograr crear al hombre. En estos dos intentos fallidos, el primero se refiere a la creación de hombres de barro que no podían sostenerse porque eran blandos y en cuanto les tocaba el agua se deshacían. Ante este fracaso, luego los hombres fueron creados de madera, y en efecto eran fuertes y resistentes, pero no tenían inteligencia ni alma, eran rígidos y tontos, y los dioses les enviaron una inundación para que acabara con ellos. De nuevo, podemos fácilmente interpretar esta alegoría del fracaso de la creación del hombre con los fracasos del hombre prehistórico maya, los antepasados de los mayas que aún no habían logrado un avance significativo en su cultura

---

omnipotente: todopoderoso; relativo a quien tiene poder para hacer cualquier cosa.
progenitor: padre o madre; creador de vida.

Muestra de la arquitectura maya en Uxmal, en Yucatán, México. (*Foto con licencia CC*)

y que por ello estaban a merced de los desastres naturales como las inundaciones.

Finalmente, el mito refiere que los progenitores meditaron profundamente cuál debería ser la materia con la que deberían crear la carne de los hombres y al darse cuenta de que el maíz era un alimento muy bueno, decidieron hacer al hombre de maíz, que es el hombre contemporáneo. Este hombre de maíz fue finalmente bien hecho, fuerte y con inteligencia para darse cuenta de cuál era su origen y cuál su destino. Evidentemente la metáfora del maíz se relaciona con la domesticación exitosa de la agricultura y con un entendimiento de los ciclos del año relacionados con esta actividad, lo que en conclusión permitiría a los mayas construir la gran civilización que hoy conocemos y de la que son herederos alrededor de siete millones de mayas contemporáneos, y por qué no decirlo, también la humanidad en general.

Gerardo Gómez Michel

Ejercicios

I. Vocabulario

Explica con tus propias palabras las siguientes frases:

1. Domesticación de la agricultura.

____

____

____

2. Escritura jeroglífica.

____

____

3. Relaciona la columna de los sustantivos con el adjetivo o frase que mejor corresponda.

- cultura	- ideología religiosa
- Mesoamérica	- antes de la llegada de los españoles
- caracteres	- letras de un alfabeto
- mito	- explicación del orden del mundo
- primigenio	- creador, omnipotente, progenitor
- teología	- región del continente americano
- cosmovisión	- herencia y tradición de un pueblo
- Dios	- proveniente de un tiempo antiguo
- prehispánico	- historia o leyenda tradicional
- prehistórico	- original, antiguo, primero en ser creado

II. Comprensión del texto

Responde las siguientes preguntas según la información del texto.

1. ¿Por qué los dioses progenitores destruyeron a los hombres de barro y madera?

2. ¿Por qué decidieron finalmente que el hombre sería hecho de maíz?

III. Gramática

Realiza los siguientes ejercicios a partir de fragmentos del texto.

1. Cambia el tiempo verbal del siguiente fragmento usando los verbos en presente, cambia alguna frase si es necesario para que tenga coherencia.

Para los mayas, el comienzo de la creación comenzó a partir de un caos primigenio, donde reinaba la oscuridad y el silencio. Luego de eso, los cielos se abrieron y la tierra fue separada de las aguas de los océanos.

HISTORIA

2. Reescribe y sustituye con pronombres personales (él, ella, ellos…), de objeto directo o indirecto (lo, la, los, las y le, les), adjetivos posesivos (su, sus) o adjetivos determinativos (aquí, ahí, allá,) los sustantivos subrayados en el texto.

Los mayas quiché que habitaron parte de Mesoamérica desde muchos siglos antes de que llegaran los españoles de Europa. Los quiché tienen un libro sagrado, El libro de los mayas es el Popol Vuh. Los mayas piden a Dios siempre por su bienestar. Esta historia se relata en el libro sagrado. Los mayas habitan en Guatemala, y tuvieron un fuerte imperio hasta que fueron conquistados por los españoles.

IV. Discusión

Contesta dando tu opinión.

1. ¿Cuáles crees que son las similitudes de la filosofía maya y la filosofía oriental?

2. ¿Si los mayas hubieran vivido en Asia de qué material crees que hubiesen hecho al hombre? Explica tu respuesta.

Lección 3 Las revoluciones en América Latina

Objetivos :

En esta lección vas a:

- Aprender sobre las revoluciones sociales más importantes de Latinoamérica en el siglo XX.
- Conocer el contexto histórico de América Latina.
- Opinar sobre las condiciones políticas del continente.

Antes de leer :

1. Investiga quiénes fueron Emiliano Zapata, Ernesto Che Guevara y Augusto César Sandino. ¿Por qué se les considera héroes míticos revolucionarios?

2. Investiga sobre las dictaduras en América Latina.

Las revoluciones en América Latina

Desde la Conquista de América en el siglo XVI, la sociedad de América Latina ha vivido una constante desigualdad en la que ciertos sectores de la población se han visto excluidos de manera **programática** y por demás extrema. En un principio los indígenas de todo el continente vieron reducidas a cenizas sus culturas y civilizaciones y en general tuvieron que aceptar un papel **denigrante** como esclavos de los europeos. Su religión fue **abolida** y debieron someterse a la **conversión** forzada al catolicismo, ya que en caso de resistencia eran perseguidos y condenados a muerte.

Sin embargo, esta situación de igual forma fue conformando una estructura social en la que unos estaban destinados a la pobreza y la **servidumbre** de por vida, con muy pocas posibilidades de alcanzar movilidad social. Luego de la Independencia que logró separar a la

---

programático: relativo a una acción que se realiza siguiendo un plan determinado.

denigrante: relativo a lo que le quita valor a algo. (*Denigrar*: valorar negativamente. Despreciar.)

abolido: relativo a lo que deja de tener reconocimiento oficial. (*Abolir* una ley: dejarla sin efecto.)

conversión: Cambiar de una a religión a otra. (*Converso*: relativo a la persona que cambia de religión.)

servidumbre: condición de trabajo que obliga a servir de manera incondicional al propietario casi como esclavo.

antigua colonia española de la **Metrópolis** europea y con ello conformar los nuevos países latinoamericanos que conocemos hoy día, las condiciones de los indígenas no cambiaron mucho. Principalmente los criollos, hijos de españoles nacidos en América, tomaron el control de las nuevas naciones y dentro de sus planes no estuvo el reivindicar los derechos de los antiguos dueños de aquellos territorios, es decir, los indígenas.

Para el final de la etapa de la Colonia, a los indígenas se habían sumado otros sectores de población que estaban igualmente **marginados**, los negros, que habían sido traídos como esclavos desde África, y en menor medida, los llamados mestizos, hijos de las diferentes mezclas entre europeos y nativos americanos. Al llegar al siglo XX, estos sectores de la población estaban ligados en general a los trabajos del campo y a los oficios de menor prestigio, y como es de suponerse, conformaban la mayoría de la población en todos los países de América Latina. En este sentido, en Latinoamérica se fundieron los **prejuicios** de raza y los de posición social para formar una extensa **casta** de pobres que en el siglo XX lucharían por salir de la histórica explotación a la que eran sometidos y así mejorar sus condiciones de vida. En muchos sentidos, éste fue el motor de las revoluciones que se llevaron a cabo en esta etapa, además, por supuesto, de la evolución de las ideas políticas en el siglo XX.

---

metrópolis: la nación que tiene colonias fuera de su territorio nacional. (Capital o ciudad grande e importante.)

marginado: relativo a quien tiene peores condiciones de vida por razones sociales o políticas.

prejuicio: idea o valor fijo en la mentalidad de la sociedad. (Puede ser negativo o positivo.)

casta: grupo social separado por razones de raza, religión, herencia familiar. (En la Colonia, sistema social para diferenciar a los europeos, indígenas, mestizos, negros, etc.)

campesinos, es curiosamente un movimiento obrero el que logrará una movilización social que llevará a la victoria a la lucha revolucionaria.

Para mediados del siglo XX Bolivia era un país sumido en la crisis económica y social. Después del desastre de la Guerra del Chaco contra Paraguay, Bolivia, que tenía principalmente su fuente de riqueza en las minas de **estaño**, había experimentado un crecimiento de asociaciones obreras mineras que poco a poco se habían convertido en una fuerza política importante e influyente en la sociedad boliviana. Luego de varias crisis políticas entre los grupos de poder en el país —militares, **latifundistas**, grandes propietarios mineros—, en 1952 llega al poder el MNR, Movimiento Nacionalista Revolucionario. Este organismo político llevó a cabo, bajo presión de los obreros organizados (y armados), algunas de las demandas de la sociedad boliviana, entre ellas la **nacionalización** de las minas y la reforma agraria. Estas dos acciones representan unas de las más simbólicas victorias que toda revolución latinoamericana busca en su lucha, es decir, la de devolver la riqueza del país a sus habitantes.

Sin embargo, si bien las minas pasaron a manos del gobierno nacional, y muchas tierras fueron devueltas a los campesinos, la profunda crisis económica, la deuda externa, y la presión imperialista por parte de los Estados Unidos, entre otros factores, llevaron a la

---

estaño: metal de color y brillo como la plata, muy resistente y manejable. Se utiliza mucho en la industria moderna.

latifundista: propietario de grandes extensiones de tierra. (Latifundio: gran extensión de tierra que tiene un solo dueño para su explotación.)

nacionalización: acción legal con la que la propiedad privada pasa a ser propiedad del gobierno, y por ende, de la nación.

Revolución Boliviana a su término. Finalmente, en 1964 un golpe de estado derrocó al gobierno del MNR, quedando de nuevo el país en manos del ejército aliado con los Estados Unidos en la etapa climática de la llamada Guerra Fría.

La Guerra Fría fue una etapa en la que los Estados Unidos mantenía una tensión mundial en relación con el comunismo soviético, la otra gran potencia planetaria. Pero en América Latina eso significó que los países de la región tuvieran una profunda presión de parte del vecino del norte para evitar que se **consolidaran** gobiernos socialistas. En este sentido, la Revolución Cubana ha sido la única revolución socialista que ha logrado triunfar y permanecer en el poder en contra de los **designios** y esfuerzos de Estados Unidos.

Cartel del artista cubano Raúl Martínez, 1968. (*Foto con licencia CC*)

Cuba, con una historia de explotación y dominación extranjera en su territorio, además de contar con una terrible desigualdad entre la clase rica —a base de la exportación de tabaco y azúcar principal-

---

consolidar: llevar un proyecto a buen término. (*Consolidado*: relativo a algo establecido con éxito, firme y consistente.)

designio: propósito o intención que proviene de una determinación aceptada como valiosa. (*Designio* divino: propósito de Dios.)

mente— y la población campesina mestiza y negra, había soportado ser casi una colonia con condiciones semi-esclavistas. Con la creciente influencia de las ideas comunistas, se formó un pequeño grupo armado liderado por Fidel Castro que intentó **derrocar** al dictador Fulgencio Batista en 1956. Sin embargo, los fallos en la organización del **desembarco** de los guerrilleros, que habían partido de México, provocó que de los 82 hombres que llegaron a Cuba sólo un poco más de 20 lograran salvarse del ataque del ejército y huyeran internándose en las montañas de la Sierra Maestra al sureste de la isla.

A partir de ese momento la estrategia revolucionaria continuó bajo la forma de guerra de guerrillas, es decir, pequeños asaltos y batallas a las posiciones del ejército del dictador y luego una **retirada** rápida de nuevo al refugio de la montaña. A pesar de la diferencia numérica entre los guerrilleros y los soldados, en realidad la Revolución Cubana tenía gran apoyo de la población en general, que estaba cansada de las condiciones en la que vivían bajo la dictadura. Finalmente, el primero de enero de 1959, el ejército revolucionario de Fidel Castro, al lado del mítico Che Guevara, entró victorioso a la Habana, capital de Cuba, marcando el triunfo revolucionario.

Contra todos los **pronósticos**, la isla ha podido sobrevivir durante 50 años a la presión de los Estados Unidos, que vieron en la Revolución Cubana al enemigo comunista justo a 150 kilómetros de su territorio. En parte esto se debió a la alianza que llevó a cabo

---

derrocar: derrumbar, echar por tierra algo; en política es remover a un gobernante de su puesto.

desembarcar: bajar a tierra desde un barco.

retirada: operación militar en la que los soldados se retiran del campo de batalla.

pronóstico: evento que se supone puede suceder en el futuro. (Pronóstico meteorológico: cómo será el clima futuro).

Cuba con la antigua **URSS**, a la cual le convenía también tener un país de su lado en el continente americano. De cualquier forma, hay que **recalcar** que la Revolución Cubana, a pesar de muchos problemas y polémicas acerca de su régimen en relación con el respeto a los derechos humanos, es la única revolución que realmente llevó a cabo un extenso programa de cambios sociales y económicos en el país, desde la reforma agraria, la educación y salud pública universal, entre muchos otros. Aún así, ha tenido muchos problemas que **afrontar**, como severas crisis económicas, la emigración de muchos cubanos hacia los Estados Unidos, y un terrible bloqueo económico por parte de este país que ha aislado a Cuba durante muchos años. Otro legado de la Revolución Cubana es la de la figura mítica reconocida mundialmente como la del revolucionario puro en la persona del Che Guevara, quien murió en Bolivia en 1967 a manos del ejército boliviano y agentes de la CIA.

Finalmente, hay que decir que la Revolución Cubana ha inspirado a muchos otros movimientos revolucionarios en el continente, algunos como el del Frente Sandinista de Liberación Nacional que logró la victoria en Nicaragua en 1979 y derrocó al dictador Anastasio Somoza. Asimismo, se puede decir que su influencia está detrás de muchos de los gobiernos de izquierda de principios del siglo XXI, como los de Brasil, Bolivia y Venezuela, entre otros.

Para muchos estudiosos, el más reciente intento de llevar a cabo una revolución en América Latina es el del Ejército Zapatista de Liberación Nacional, en México, que comenzó en 1994 y continúa hasta la fecha. Su lucha denuncia lo que hemos mencionado al

---

URSS: siglas en español de la antigua Unión de Repúblicas Socialistas Soviéticas.
recalcar: subrayar, señalar algo especialmente importante.
afrontar: enfrentar situaciones adversas.

Niños indígenas zapatistas en la escuela de un municipio autónomo. Revista *Rebeldía* no. 75. *(Foto con licencia CC)*

inicio de este texto, la desigualdad y explotación que sufren los indígenas desde hace 500 años, la pobreza extrema de gran parte de la población, y la demanda de mejoras sociales. En este sentido, hay que reconocer que siguen siendo los mismos problemas históricos de Latinoamérica que lamentablemente aún no se han solucionado.

Gerardo Gómez Michel

Ejercicios

I. Vocabulario

Soluciona el siguiente crucigrama:

Horizontales:

1 Hijo de español y mujer indígena.

4 Quien vive fuera de su país por la fuerza.

6 Isla del Caribe con gobierno comunista.

7 Pelea de poca importancia.

8 Indígena que cambió a la religión católica.

Verticales:

1 Capital del Imperio colonizador.

2 Trabajador en condiciones de esclavo.

3 Grupo social marginado por su raza.

5 Persona que abusa de su autoridad.

6 Héroe mítico de la revolución cubana.

II. Comprensión del Texto

Responde las siguientes preguntas según la información del texto.

1. ¿Cuáles fueron las principales causas que originaron la Revolución Mexicana?

2. ¿Cómo logró Cuba sobrevivir a la presión de Estados Unidos?

III. Gramática

Agrega la preposición (*a* - *de*) que corresponda y escribe una oración con las siguientes frases.

Ej.) *Reducido___ cenizas*

Después del incendio la casa quedó reducida ***a*** cenizas.

1. Guerra ___ guerrillas

2. Llevar ___ cabo

3. Pasar ___ manos ___

HISTORIA

IV. Discusión

Contesta dando tu opinión.

1. ¿Por qué piensas que los Estados Unidos ha bloqueado económicamente a Cuba?

2. ¿Crees que hay formas de cambiar las condiciones sociales que no sean necesariamente violentas como es una revolución?

3. ¿Crees que América Latina podrá en el futuro solucionar sus problemas de pobreza y desigualdad social? Explica tu respuesta.

II

LITERATURA

Lección 4

El castillo de irás y no volverás

Objetivos :

En esta lección vas a:

- Leer un cuento popular español.
- Aprender el valor de los cuentos populares.

Antes de leer :

1. Investiga las características del cuento popular.

2. Revisa varios cuentos populares de cada región de España.

La fiesta terminó y la hija del rey acompañó al joven a su habitación. Cuando llegaron, el chico se asomó a la ventana para respirar el aire fresco de aquel lugar y vio a lo lejos un castillo rodeado de unas extrañas luces.

- ¿Qué es aquello? – preguntó a la hija del rey.

- Es el castillo de irás y no volverás – respondió la princesa. Allí vive una vieja y malvada hechicera. Todos los que van, desaparecen. Nadie sabe qué sucede, pero ninguno de los que han ido a capturar a la bruja ha conseguido volver. Mi padre ha prometido regalar el castillo y todas las tierras que lo rodean al que consiga acabar con ella.

Entonces el chico tuvo una idea. Esperó a que la princesa se quedara dormida y salió del castillo en silencio. Se montó en el caballo más veloz del rey y con una lanza se dirigió a toda prisa hacia el castillo de la bruja. Cuando llegó, vio a cientos de hombres tumbados en el suelo sumidos en un profundo sueño. Mientras los intentaba despertar para que le ayudaran a acabar con la bruja, ésta, desde una ventana, le lanzó su poderoso polvo del sueño y se quedó dormido junto a los demás.

En ese momento, su hermano, que nunca se había separado de la botella que le había dado cuando se marchó, vio cómo el agua iba cambiando de color. Preocupado, salió de casa y cruzó sin descanso el bosque durante varios días y varias noches hasta llegar al pueblo. Era ya muy tarde cuando la princesa, que estaba asomada a la ventana de la habitación para ver si volvía su amado, vio llegar al hermano cansado del viaje. Bajó a buscarlo creyendo que era su amado, pues los dos se parecían mucho.

- Te he echado mucho de menos – dijo la princesa. ¿Dónde has estado este tiempo?

Él, que no quería preocupar a la princesa, le respondió:

- He ido a ayudar a mi hermano porque estaba en problemas.

La hija del rey, más tranquila, acompañó al que creía su marido a la habitación. Al llegar a la ventana, el hermano preguntó a la princesa:

- ¿Qué es aquel castillo que se ve desde aquí?

- Te dije que es el castillo de irás y no volverás. No vayas, por favor, me da mucho miedo la malvada hechicera que vive allí.

El chico comprendió dónde podría estar su hermano. Cuando la princesa se durmió, salió de la habitación en silencio, y corrió con un caballo hasta el castillo de la bruja. Al llegar, vio a su hermano dormido en el suelo. Se bajó del caballo para despertarlo, pero mientras lo intentaba, la bruja, que vigilaba todo desde una ventana, le lanzó su poderoso polvo del sueño.

Algo iba mal para la bruja: el chico no se dormía. Le lanzó más y más polvo pero no tenía efecto. Entonces, la bruja, completamente **encolerizada**, se lanzó desde la ventana hacia el joven y agarró con sus feas manos el cuello del chico para acabar con su vida. Él sentía que ya no tenía aire e intentaba quitar las manos de la bruja de su cuello, cuando, de pronto, tocó la espina que llevaba colgada y recordó las palabras de su padre. Con fuerza, clavó la espina en una mano de la bruja, que se quedó paralizada. Después, en un segundo, su horrible figura se convirtió en un humo negro, desapareciendo así para siempre.

El sol empezaba a salir y todos los hombres que estaban dormidos alrededor del castillo de la bruja empezaron a despertarse. Cuando todos se despertaron, dieron las gracias al nuevo héroe por salvarles

---

encolerizar: hacer que uno se ponga colérico.

del hechizo de la bruja y lo llevaron a hombros hasta el castillo del rey. Allí, el rey y la princesa salieron a recibirlos. La princesa, al ver que su amado no era uno, sino dos, y que además venían acompañados de todos los valientes que intentaron desde hace años acabar con la bruja, pidió una explicación.

Los dos hermanos le contaron toda la historia, y el rey, muy contento por el valor que había mostrado el muchacho al haber derrotado a la bruja, mandó ir a buscar a sus padres y les regaló, como había prometido, el castillo para que vivieran tranquilos el resto de su vida. El hijo que se había casado con la princesa vivió feliz junto a ella, y muchos años después se convertiría en el rey del lugar.

El nuevo rey tendría siempre como consejero a su hermano, del que nunca volvería a separarse.

Cuento Popular de España

Ejercicios

I. Vocabulario

Escoge las definiciones adecuadas de las siguientes palabras.

1) alejarse	a) persona cuyo oficio consiste en cortar leña o vederla
2) enseguida	b) inmediatamente después en el tiempo o en el espacio
3) leñador	c) que conmueve
4) estremecedor	d) comida espléndida que se organiza para celebrar algo
5) muro	e) irse lejos o estar más lejos
6) banquete	f) pared o lo que impide la comunicación

II. Comprensión del texto

1. Después de matar el monstruo, ¿el joven qué llevó al rey para lograr casarse con la princesa?

2. Cuando llegó al castillo, ¿por qué el joven no podía ver al rey?

3. Cuando llegó el joven al castillo de la bruja, ¿cómo estaban unos cientos de hombres?

____

____

____

____

4. ¿Cómo supo el hermano que el joven estaba en problemas?

____

____

____

____

III. Gramática

Conjuga el verbo de forma adecuada.

1. Puedes llevarme a tu casa, pero cuando (terminar, vosotros) de comer, tienes que recoger todas las espinas menos dos.

2. (Él, andar) ______________ durante muchos días a través de un bosque sin (encontrar) ___________ nada.

3. De pronto (él, recordar) ___________ algo que le (decir) ________ su padre cuando (ser) ___________ pequeño.

4. Era ya muy tarde cuando la princesa, que estaba asomada a la ventana de la habitación para ver si volvía su amado, (ver) ______

______ llegar al hermano cansado del viaje. Bajó a buscarlo (creer) __________ que era su amado, pues los dos se parecían mucho.

5. Los dos hermanos le contaron toda la historia, y el rey, muy contento por el valor que (mostrar) ___________ el muchacho al haber derrotado a la bruja, mandó ir a (buscar) ___________ a sus padres y les regaló el castillo para que (vivir) ___________ tranquilos el resto de su vida.

IV. Discusión

1. ¿Cuáles son las lecciones o mensajes de este cuento popular?

____

____

____

____

2. ¿Realmente la intimidad entre los hermanos será tan estrecha como el caso del joven y su hermano? Explica tu opinión contando con un episodio tuyo.

____

____

____

____

Lección 5 La vida de Lazarillo de Tormes

Objetivos :

En esta lección vas a:

- Leer un fragmento de la obra La vida de Lazarillo de Tormes.
- Conocer cómo era la vida de los humildes del siglo XVI de España.
- Gozar de leer y comprender un texto literario español del Siglo de Oro.

Antes de leer :

1. Revisa cuáles son las características de la novela picaresca.
2. ¿En qué siglo se publica La vida de Lazarillo de Tormes?
3. ¿La autobiografía del Lazarillo es auténtica o ficticia?
4. ¿De qué clase proviene el pícaro del Siglo de Oro?

La vida de Lazarillo de Tormes
y de sus fortunas y adversidades

Pues sepa Ud. ante todas las cosas que a mí me llaman Lázaro de Tormes, hijo de Tomé González y de Antona Pérez, **naturales de** Tejares, aldea de Salamanca. Mi nacimiento fue dentro del río Tormes del que tomé el **sobrenombre**. Mi padre fue molinero más de quince años en una **aceña** a la **ribera** del río, y estando mi madre una noche en la aceña, **preñada** de mí, me parió allí. De manera que con verdad puedo decir que he nacido en el río. Pues siendo yo niño de ocho años, achacaron a mi padre ciertas sangrías mal hechas en los costales de los que venían allí a moler, por lo que fue preso, y confesó y no negó y padeció persecución por justicia. En este tiempo se formó cierto ejército contra los moros, entre los cuales fue mi padre, con cargo de acemilero de un caballero que allá fue, y con su señor, como leal criado, falleció.

Mi viuda madre sin marido vino a vivir a la ciudad, y alquiló una

---

natural de: nativo, originario de un pueblo o nación.

sobrenombre: nombre que se añade a veces al apellido para distinguir a dos personas que tienen el mismo.

aceña: molino harinero situado dentro del cauce de un río, cuyo movimiento provoca la caída de agua en un desnivel.

ribera: orilla del mar o de un río.

preñar: embarazar.

casilla, y se metió a guisar de comer a ciertos estudiantes, y lavaba la ropa a ciertos mozos de caballos del **Comendador** de la Magdalena, de manera que fue frecuentando las caballerizas. Ella y un hombre moreno de aquellos que curaban las bestias se conocieron. Éste algunas veces se venía a nuestra casa, y se iba a la mañana; otras veces de día llegaba a la puerta con el pretexto de comprar huevos y entraba en casa. Yo al principio de su llegada, le tenía miedo a él por el color y mal gesto que tenía, pero viendo que con su venida mejoraba el comer, acabé por quererle porque siempre traía pan, pedazos de carne, y en el invierno leños con que nos calentábamos.

Editado en 1554 en Medina del Campo (España). Impresores: Mateo y Francisco del Canto.

De todas maneras, mi madre, padeciendo mil dificultades, acabó de criarme a mí hasta ser un buen mozuelo, que iba a traer a los huéspedes vino y candelas y por lo demás que me mandaban.

En este tiempo vino a **posar** al mesón un ciego, el cual, pareciéndole que yo sería para servirle, me pidió a mi madre, y ella me **encomendó** a él, rogándole que me tratare bien y mirara por mí, pues era huérfano. Él le respondió a mi madre que así lo haría, y que me recibía no por mozo sino por hijo. Y así le comencé a servir a mi nuevo y viejo amo.

Como estuvimos en Salamanca algunos días, pareciéndole a mi amo que no era suficiente la ganancia, determinó irse de allí; y

---

comendador: superior de ciertas órdenes religiosas, como la de la Merced.
posar: alojarse u hospedarse en una posada o casa particular.
encomendar: encargar a alguien que haga alguna cosa.

cuando íbamos a partir, yo fui a ver a mi madre, y ambos llorando, me dio su **bendición** y dijo:

"Hijo, ya sé que no te veré más. Procura ser bueno, y Dios te guíe."

Y así me fui con mi amo, que estaba esperándome. Salimos de Salamanca, y al llegar al puente, ahí donde está a la entrada un animal de piedra, que casi tiene forma de toro, el ciego me mandó que fuera cerca del animal, y allí puesto, me dijo:

"Lázaro, pon el oído en este toro, y oirás gran ruido dentro de él."

Yo simplemente me acerqué, creyendo que así era; y cuando sintió que yo tenía la cabeza enfrente de la piedra, el ciego afirmó **recio** la mano y me dio una gran **calabazada** en el diablo del toro, que más de tres días me duró el dolor de la cornada, y díjome:

"**Necio**, aprende que el mozo del ciego debe ser listo y ha de saber más que el diablo", y río mucho la burla.

Me pareció que en aquel instante desperté de la simpleza en que estaba dormido como niño. Dije dentro de mí:

"Verdad dice éste. Tengo que **avivar** el ojo, pues yo estoy solo."

Comenzamos nuestro camino, y en muy pocos días me mostró **jerigonza**, y como me vio de buen ingenio, se alegraba mucho y decía:

"Yo no puedo darte ni oro ni plata, mas sí te mostraré muchos consejos para vivir."

Y fue así, que después de Dios éste me dio la vida, y siendo ciego

---

bendición: acción y resultado de bendecir.
recio: fuerte, robusto.
calabazada: golpe dado o recibido en la cabeza.
necio: ignorante, imprudente.
avivar: excitar, animar.
jerigonza: lenguaje complicado y difícil de entender.

me alumbró y adiestró en la carrera de vivir.

Para que Ud. vea cuánto se extendía el ingenio de este astuto ciego, contaré uno de muchos casos que con él me sucedieron, en el cual entendí bien su gran astucia. Cuando salimos de Salamanca, su plan fue venir a tierra de Toledo, porque se decía que la gente de allí era más rica, aunque no muy limosnera. Creía en este **refrán**: "Más da el duro que el desnudo."

Al fin, comenzamos nuestro camino, y en muy pocos días llegamos a un lugar que llaman Almorox, donde cogían las uvas, y un **vendimiador** le dio al ciego un **racimo** de uvas como limosna. Aquel día mi amo me había dado muchos rodillazos y golpes, así que dispuso hacer un banquete y nos sentamos en un valladar y dijo:

"Ahora quiero que nos tomemos cierta libertad, y es que ambos comamos este racimo de uvas. Que tú comas tanta parte como yo. Tú picarás una vez y yo otra; con tal de que me prometas no tomar cada vez más de una uva, yo haré lo mismo hasta que lo acabemos, y de esta suerte no habrá engaño."

Hecho así el acuerdo, comenzamos; mas luego al segundo turno el **traidor** cambió de propósito y comenzó a tomar de dos en dos, considerando que yo debería hacer lo mismo. Como vi que él rompía las reglas, no me contenté con ir a la par con él, sino ir más adelante: dos a dos, y tres a tres, y como podía las comía. Acabado el racimo, con el escobajo en la mano y **meneando** la cabeza dijo:

"Lázaro, me has engañado. Juraré yo a Dios que tú has comido las

---

refrán: dicho popular agudo y sentencioso que suele contener un consejo o una moraleja.
vendimiar: recoger el fruto de las viñas.
racimo: conjunto de frutos que cuelgan de un mismo tallo.
traidor: que comete traición.
menear: agitar o mover de un lado a otro.

uvas de tres en tres."

"No comí más -dije yo- ¿Por qué sospecháis eso?"

Respondió el sagacísimo ciego:

"¿Sabes en qué veo que las comiste de tres en tres? En que comía yo de dos en dos y callabas." A lo cual yo no respondí.

El Lazarillo de Tormes de Goya.

(ANÓNIMO)

LITERATURA

Ejercicios

I. Vocabulario

1. ¿Qué sentido tiene la expresión "me dio una gran calabazada"?

2. ¿Qué trabajo hacen "los acemileros"?

3. ¿Qué quiere decir en este contexto "sangría"?

4. Escoge las definiciones adecuadas de las siguientes palabras.

1) Comendador	*A) orilla del mar o de un río*
2) jerigonza	*B) fuerte, robusto*
3) necio	*C) ignorante, imprudente*
4) recio	*D) lenguaje complicado y difícil de entender*
5) ribera	*E) recoger el fruto de las viñas*
6) vendimiar	*F) superior de ciertas órdenes religiosas*

II. Comprensión del texto

1. ¿Dónde estaba situado el animal de piedra?

2. ¿Dónde vivía Lázaro cuando su madre lo entregó al ciego como ayudante?

3. ¿Por qué abandonan Lázaro y su amo la ciudad de Salamanca?

III. Discusión

1. ¿Cuál es la lección que aprende Lázaro con su nuevo amo en este episodio?

2. ¿Qué te parece el carácter del nuevo amo de Lázaro? ¿Te gustaría como amigo?

3. ¿Si tú fueras la mamá de Lázaro, qué harías con tu hijo ante la petición del ciego?

Lección 6 Don Quijote de la Mancha

Objetivos :

En esta lección vas a:

- Leer un fragmento de Don Quijote de la Mancha, una obra literaria inmortal de fama mundialmente reconocida.
- Estudiar la cultura española del siglo XVII a través de esta novela.

Antes de leer :

1. Revisa acerca de la vida de Miguel de Cervantes Saavedra.
2. ¿Vivió Cervantes una vida feliz gozando de la fama y la riqueza de un autor mundialmente reconocido?
3. Investiga la causa de la locura del personaje don Quijote.

El ingenioso hidalgo don Quijote de la Mancha

Don Quijote y Sancho Panza descubrieron treinta o cuarenta molinos de viento que hay en el campo, y don Quijote dijo a su **escudero**:

-La suerte va guiando nuestros pasos mejor de lo que deseábamos, porque ves allí, amigo Sancho Panza, donde se descubren treinta o poco más gigantes con quien pienso hacer batalla y quitarles a todos las vidas, con cuyos **despojos** comenzaremos a enriquecer. Esta es buena guerra, y es gran servicio de Dios quitar tan mala hierba que hay sobre la **faz** de la tierra.

Don Quijote de la Mancha: *Don Quijote de la Mancha* es una novela escrita por el español Miguel de Cervantes Saavedra. Publicada su primera parte con el título de *El ingenioso hidalgo don Quixote de la Mancha* a comienzos de 1605, es una de las obras más destacadas de la literatura española y la literatura universal, y una de las más traducidas. En 1615 aparecería la segunda parte del *Quijote* de Cervantes con el título de *El ingenioso caballero don Quixote de la Mancha*.

Don Quijote: fue la primera obra auténticamente antirromance, gracias a su forma que desmitifica la tradición caballeresca y cortés. Representa la primera obra literaria que se puede clasificar como novela moderna y también la primera novela polifónica, y como tal, ejerció un influjo abrumador en toda la narrativa europea posterior.

escudero: paje o sirviente que llevaba el escudo y el sable al caballero mientras este no lo usaba.

despojo: presa, botín del vencedor.

faz: rostro, cara.

- ¿Qué gigantes? –le interrumpió Sancho Panza.

-Aquellos que ves allí, los de los brazos largos.

-Mire vuestra merced, -respondió Sancho- aquellos que están allí no son gigantes, sino molinos de viento, y lo que parecen brazos son las **aspas**, que **volteadas** por el viento hacen andar la piedra del molino.

-Ellos son gigantes, y si tienes miedo quítate de ahí, y ponte en oración porque yo voy a entrar con ellos en una fiera y desigual batalla.

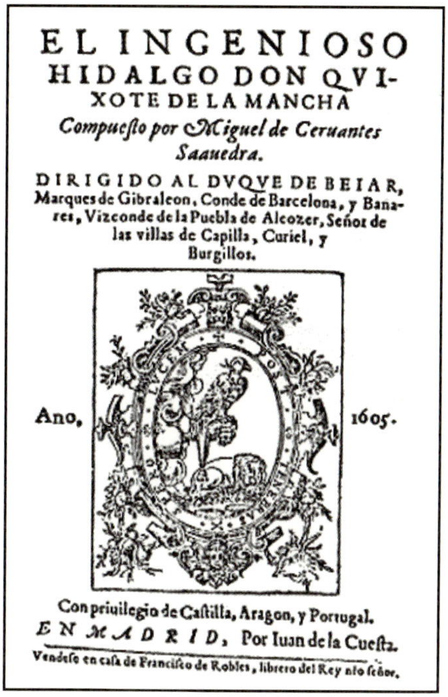
EL INGENIOSO
HIDALGO DON QVI-
XOTE DE LA MANCHA
Compuesto por Miguel de Ceruantes Saauedra.
DIRIGIDO AL DVQVE DE BEIAR, Marques de Gibraleon, Conde de Barcelona, y Banares, Vizconde de la Puebla de Alcozer, Señor de las villas de Capilla, Curiel, y Burgillos.
Ano, 1605.
Con priuilegio de Castilla, Aragon, y Portugal.
EN MADRID, Por Iuan de la Cuesta.
Vendese en casa de Francisco de Robles, librero del Rey nro señor.

Y diciendo esto, dio de **espuelas** a su caballo Rocinante, sin atender a las voces que le daba su escudero Sancho, advirtiéndole que sin duda alguna eran molinos de viento y no gigantes aquellos que iba a acometer. Pero él estaba tan seguro de que eran gigantes, así que ni oía las voces de su escudero Sancho, ni echaba de ver, aunque estaba ya bien cerca, lo que eran. Él iba diciendo en voces altas:

-No huyáis, cobardes, que es un solo caballero el que os ataca.

Se levantó en esos momentos un poco de viento y las grandes aspas comenzaron a moverse.

Don Quijote, encomendándose de todo corazón a su señora Dulcinea, pidiéndole que en tal trance le socorriera, con la lanza **en**

---

aspa: mecanismo exterior del molino de viento con forma de cruz o de equis.
voltear: dar vueltas a una persona o cosa.
espuela: estímulo.

ristre, atacó al primer molino que estaba delante; y dándole una lanzada en el aspa, la volvió el viento con tanta **furia**, que hizo la lanza **pedazos**, llevándose tras sí al caballo y al caballero, que fue rodando muy maltrecho por el campo.

Acudió Sancho Panza corriendo a socorrerle, y cuando llegó, halló que no se podía **menear**, tal fue el golpe que dio con él Rocinante.

– ¡Válgame el cielo! -dijo Sancho- ¿No le dije yo a vuestra merced que no eran sino molinos de viento?

– Calla, amigo Sancho, -respondió don Quijote- que las cosas de la guerra, más que otras, están sujetas a continua mudanza, y así es verdad que aquel sabio Frestón, que me robó los libros, ha convertido estos gigantes en molinos para quitarme la gloria de su vencimiento. Tal es la enemistad que me tiene. Pero de nada valdrán sus malas artes contra la voluntad de mi espada.

– Dios lo haga como puede. Respondió Sancho Panza. Y ayudándole a levantar, lo subió sobre el **machacado** Rocinante y, hablando de la pasada aventura, siguieron el camino.

Comenzó a llover un poco, y Sancho quería que se metieran en el **molino** de los batanes; pero don Quijote no quiso entrar y, así, torció el camino a la derecha.

Al poco tiempo, descubrió don Quijote un hombre a caballo, que traía en la cabeza una cosa que relumbraba como si fuera de oro. Él

---

en ristre: dispuesto para ser utilizado.
furia: ira, coraje.
pedazo: parte, porción.
menear: agitar, mover.
machacar: deshacer, aplastar.
molino: máquina usada para moler, triturar o pulverizar.
batán: máquina para golpear y desengrasar los paños.

se volvió a Sancho y le dijo:

–Me parece, Sancho, que no hay refrán que no sea verdadero, porque todos están sacados de la misma experiencia. Especialmente hay uno que dice: "Donde una puerta se cierra, otra se abre". Lo digo porque si anoche la fortuna nos cerró la puerta en la que buscábamos, ahora nos abre **de par en par** otra, para otra mejor y más cierta aventura. Digo esto porque, si no me engaño, hacia nosotros viene uno que trae en su cabeza el **yelmo** de Mambrino.

– Lo que yo veo –respondió Sancho– es un hombre sobre un asno pardo, como el mío, que trae sobre la cabeza una cosa que relumbra.

– Pues ése es el yelmo de Mambrino –dijo don Quijote–. Apártate a un lado y déjame con él a solas: verás cómo concluyo esta aventura y queda por mío el yelmo que tanto he deseado.

Pero, el caso es que el yelmo, y el caballo y caballero que don Quijote veía, era esto: que en aquel contorno había dos pueblos, el uno tan pequeño que ni tenía **botica** ni barbero, y el otro más grande, que estaba cerca, sí tenía; y así, el barbero del mayor servía al menor, en donde tuvo necesidad un enfermo de **sangrarse** y otro de hacerse la barba, para lo cual venía el barbero, y traía una **bacía** de **azófar**; y quiso la suerte que, al tiempo que venía, comenzó a llover, y, porque no se le manchase el sombrero, que debía de ser nuevo, se puso la bacía sobre la cabeza; y, como estaba limpia,

---

de par en par: Manera de estar abiertas completamente las puertas o las ventanas.
yelmo: parte de la armadura antigua que resguardaba la cabeza.
botica: farmacia.
sangrar: manar sangre, abrir una vena.
bacía: vasija que usan los barberos para remojar la barba.
azófar: latón, aleación de cobre y cinc, de color semejante al del oro, maleable y muy resistente a la corrosión. 놋쇠.

desde lejos relumbraba. Venía sobre un asno pardo, como Sancho dijo. Pero, de pronto, divisó a un hombre con una pesada armadura que se dirigió hacia él con la lanza.

Gritó don Quijote:

–¡Entrégame de tu voluntad el yelmo!

El barbero, que vio venir aquel fantasma sobre sí, no tuvo otro remedio para poder guardarse del golpe de la lanza, que bajarse del asno y comenzó a correr por aquel llano tan rápido que no lo alcanzaría ni el viento. Se dejó la bacía en el suelo, con la cual se contentó don Quijote. Él mandó a Sancho a recoger el yelmo, quien, tomándolo en las manos, dijo:

– Por Dios, que la **bacía** es buena y vale más que un **real**.

Don Quijote se la puso en la cabeza y la rodeó a una parte y a otra, para buscar el **encaje**, pero como no se lo hallaba, dijo:

– Sin duda que el **pagano**, a cuya medida **se forjó** primero esta famosa celada, debía de tener grandísima cabeza, y lo peor de ello es que le falta la mitad.

Cuando Sancho oyó llamar a la bacía celada, no pudo contener la risa; pero se le vino a la mente la cólera de su amo, y calló en la mitad de ella.

---

bacía: vasija que usan los barberos para remojar la barba.
real: antigua moneda española.
encaje: sitio o hueco en que se mete o encaja algo.
pagano: no cristiano.
forjar: fabricar, formar.

– ¿De qué te ríes, Sancho? –dijo don Quijote.

– Me río –respondió él– de considerar la gran cabeza que tenía el pagano dueño de este **almete**, que no semeja sino una bacía de barbero.

– ¿Sabes qué imagino, Sancho? Que esta famosa pieza es de un yelmo encantado, que por algún extraño incidente debió de venir a manos de quien no supo estimar su valor, y, sin saber lo que hacía y viendo que era de oro purísimo, fundió una mitad para vender y con la otra mitad hizo ésta que parece bacía de barbero. Pero, para mí, aunque falta una mitad, más vale algo que nada y será bastante para defenderme de alguna **pedrada**.

---

almete: pieza de la armadura antigua que cubría la cabeza.
pedrada: acción de arrojar con impulso una piedra.

Ejercicios

I. Vocabulario

1. Escoge las definiciones adecuadas de las siguientes palabras.

1) aspa	A) aleación de cobre y cinc
2) azófar	B) fabricar, formar
3) forjar	C) agitar, mover
4) machacar	D) no cristiano
5) menear	E) deshacer, aplastar
6) pagano	F) mecanismo exterior del molino de viento con forma de cruz o de equis

II. Comprensión del texto

1. ¿Qué hacían los barberos en la época de don Quijote?

2. ¿Por qué se pone la bacía en la cabeza el barbero?

III. Discusión

1. Compara a través del episodio del yelmo de Mambrino los puntos de vista con que ven las cosas don Quijote y Sancho.

2. Discute con tu compañero/a la relación entre don Quijote y Sancho Panza.

III

ECONOMÍA

Lección 7 La contaminación en China

Objetivos :

En esta lección vas a:

- Entender la gravedad y los problemas de la contaminación.
- Aprender la relación entre el desarrollo económico y la degradación ambiental.
- Aprender la terminología relacionada con el medio ambiente.

Antes de leer :

1. Piensa e investiga la relación posible entre medio ambiente e industrialización.

2. Trata de explicar los fenómenos ambientales irregulares como El Niño, La Niña, la desertificación.

3. Investiga los problemas ambientales que afectan al mundo hispánico como la contaminación.

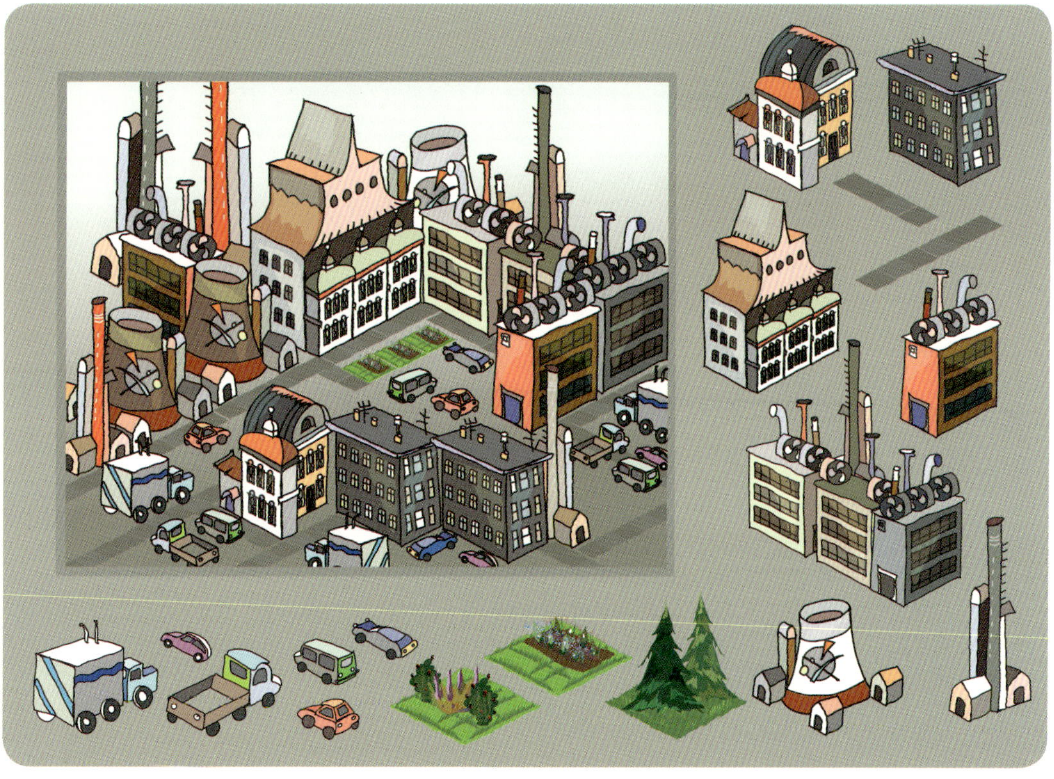

La contaminación en China

Los niveles de contaminación que ha alcanzado China, así como su **contención** y **reversión**, interesan tanto a los chinos como al resto del mundo. Aunque el daño al medio ambiente no es privativo de China, es un caso muy sobresaliente, tanto por la dimensión del problema como por el reto que representa para el país y para el sistema internacional.

A la presión que durante milenios ha aplicado la población de China sobre el medio ambiente hay que agregar la aceleración sin precedente del último medio siglo, producto del crecimiento econó-

---

contención: frenar el movimiento de algo.
reversión: vuelta de una cosa al estado anterior.

mico y la industrialización. En ese país, donde la población se incrementa en 10 millones de personas al año, es inevitable el efecto que ejerce sobre el medio ambiente la satisfacción de las necesidades de una población superior a los 1.300 millones. El espectacular crecimiento de la economía, logrado en los últimos decenios, ha proveído de un significativo incremento en el nivel de vida a cientos de millones de chinos, pero también ha generado un desastre ambiental.

La dirigencia china reconoce la dimensión del problema y busca soluciones correctivas. Sin embargo, la prioridad de mantener las altas tasas de crecimiento económico ha pospuesto la aplicación de **soluciones de fondo** que podrían afectar el ritmo de la economía. La necesidad de encontrar un equilibrio entre desarrollo económico y cuidado ecológico, como el logrado por otros países con alto grado de densidad demográfica y desarrollo industrial, es un **asunto pendiente** de China. De hecho, aunque en términos generales los dirigentes chinos reconocen la gravedad del problema ecológico, un número importante de ellos acepta la teoría de que la **degradación** ambiental es un **mal necesario** que acompaña al desarrollo económico, y que la reversión del proceso de contaminación (limpieza del medio ambiente) eventualmente tendrá que darse en algún momento.

A nivel internacional China ha jugado un papel importante en los organismos encargados de atender los problemas ambientales; pero ello no se ha reflejado en medidas más efectivas como las que re-

---

solución de fondo: 근본 처방.
asunto pendiente: 당면 현안.
degradación: disminución gradual de cualidades o características.
mal necesario: 필요악.

quiere la contaminación en ese país.

La perspectiva oficial de China sobre el medio ambiente

Durante los primeros años de la República Popular, la dirigencia china argumentaba que la contaminación y la degradación del medio ambiente eran resultado del capitalismo y que el socialismo no contaminaba; **sostenía** que el capitalismo estimulaba la búsqueda de utilidades de corto plazo, lo cual impactaba directa y negativamente al medio ambiente. Por contraste, la planeación central socialista era vista como un mecanismo para facilitar la toma de decisiones que ajustaban, a largo plazo, las necesidades de la sociedad con su entorno. Esta perspectiva, cargada de un alto grado de **dogmatismo**, comenzó a cambiar en 1972. En ese año los líderes chinos, que participaron en la conferencia de Estocolmo sobre Medio Ambiente Humano, reconocieron que ningún sistema era inmune a los problemas de agotamiento de los recursos, la contaminación ambiental y el desequilibrio ecológico. Con el tiempo, la dirigencia china ha admitido, incluso, que estos problemas podrían ser más severos en China que en otros países.

Los líderes chinos reconocen que aunque se ha trabajado en el cuidado del medio ambiente, aún falta mucho por hacer. Las principales ciudades de China tienen niveles de contaminación por **partículas** y sulfuro que exceden los niveles de la Organización Mundial de la Salud (OMS) y los estándares chinos de dos a

---

sostener: defender una proposición, idea u opinión.
dogmatismo: presunción del que considera sus opiniones ciertas y fuera de toda duda.
partícula: cuerpo muy pequeño o parte pequeña de algo.

cinco veces y son de los más altos del mundo. La contaminación es un factor que provoca enfermedades pulmonares **crónicas** –**enfisema**, **bronquitis** crónica–, la principal causa de muerte en China, con una tasa de mortalidad cinco veces superior a la de Estados Unidos. Hace algunos años el entonces primer ministro Li Peng se refirió a este asunto de la siguiente manera: "Nosotros no sólo tenemos que proveer al pueblo de más riqueza y bienes materiales, sino también de una mejora gradual en la calidad de vida, y el medio ambiente es una parte importante de la calidad de vida."

Un estudio del Banco Mundial subraya las preocupaciones de la dirigencia china sobre el medio ambiente en los siguientes términos:

Cada año, cerca de 178.000 personas en las principales ciudades mueren prematuramente debido a los elevados niveles de contaminación atmosférica (por encima de los estándares nacionales y mundiales). La contaminación del aire dentro de los hogares –en especial por la quema de carbón y biomasa para cocinar alimentos y para calentar la casa– origina alrededor de 111.000 muertes al año.

Casi 7.4 millones de personas-año-laborables se pierden anualmente por problemas de salud relacionados con la contaminación.

La contaminación del agua, un importante punto **focal** de la reciente política china, ha alcanzado 52 de las 135 secciones de ríos urbanos monitoreados. Tales secciones de ríos no cumplen con los estándares mínimos necesarios para la irrigación, convirtiéndolos en meras **cloacas**. El acceso a fuentes futuras de agua potable para

---

crónico: [enfermedad] de larga duración o habitual.
enfisema: tumefacción producida por aire o gas en el tejido pulmonar, en el celular o en la piel.
bronquitis: inflamación aguda o crónica de la mucosa de los bronquios.
focal: del foco o relativo a él.
cloaca: lugar inmundo o repugnante.

decenas de millones de personas está siendo amenazado.

La lluvia ácida con altos contenidos de sulfuro, por el uso del carbón en las regiones del sur y suroeste de China, tiene el potencial para dañar al 10 por ciento de las áreas cultivables, y posiblemente ha reducido la **productividad** en los cultivos y la foresta en un promedio del 3 por ciento.

Los niños estudiados en Shenyang, Shanghai y otras grandes ciudades tienen niveles de plomo en la sangre, en promedio, del 80 por ciento por encima de los niveles considerados peligrosos para el desarrollo mental.

Las altas tasas de crecimiento económico del último cuarto del siglo XX y de lo que va del presente se han dado gracias a un sector industrial muy dinámico que ha generado enormes problemas ambientales. El patrón de crecimiento industrial se ha caracterizado por un alto consumo de recursos y energía, así como grandes cantidades de descargas de contaminantes.

Desde la reforma económica de los años ochenta, China ha experimentado un crecimiento económico de alrededor del 9% anual promedio. El centro de este crecimiento económico ha sido el sector industrial. A lo largo de los noventa la producción industrial contribuyó, aproximadamente, con el 70 por ciento del PNB de China. Este crecimiento se logró principalmente vía la expansión sustancial en la escala de producción y en las pequeñas empresas, así como gracias al elevado consumo de recursos.

China sufre de grandes problemas ambientales relacionados con la generación de energía. El uso de carbón pesado provoca gran-

---

productividad: incremento o disminución de los rendimientos finales en función de los factores productivos.

des emisiones de **dióxido** de sulfuro y polvo. En los últimos cinco años del siglo XX, el consumo anual de carbón alcanzó el 70% del total de los recursos energéticos en China, los cuales sobrepasan en 23.7% al promedio mundial.

El problema de fondo radica en que el carbón es la principal fuente de energía de China y no existen las expectativas de que pueda darse un cambio en la estructura de **abasto** de energía en las próximas décadas. En estas circunstancias, la contaminación ambiental causada por la **combustión** de carbón es un serio reto para China y es, asimismo, una pieza clave en el esfuerzo global de reducir la emisión de gases de efecto **invernadero**, dado que de acuerdo con proyecciones el crecimiento absoluto del consumo de carbón seguirá incrementando la emisión de dióxido de aquí a 2020.

La rápida expansión de las pequeñas y medianas empresas (PYMES) juega un papel esencial en China, tanto en el desarrollo económico como en la contaminación del medio ambiente. Las PYMES alcanzan el 99% aproximadamente: sólo las pequeñas empresas sumaban el 97.83% del total. Dado que la mayoría de las pequeñas empresas están ubicadas en pueblos y villas, en general están equipadas con tecnologías e instalaciones obsoletas. Esto da como resultado una marcada sobreutilización de energía y materias primas, y una extremadamente baja productividad en el uso de la energía.

La preocupación de China por el problema de la contaminación

---

dióxido: compuesto cuya molécula contiene dos átomos de oxígeno y uno de otro elemento.
abasto: provisión de cosas necesarias, especialmente de víveres.
combustión: reacción entre el oxígeno y un material combustible que, por desprender energía, suele causar incandescencia o llama.
invernadero: lugar preparado artificialmente para cultivar las plantas fuera de su ambiente y clima habituales.

ambiental ha quedado de manifiesto en numerosos documentos, leyes, reglamentos y en políticas específicas para detener e incluso disminuir la contaminación ambiental. En los últimos diez o quince años, China ha realizado avances sustanciales en el desarrollo de fuentes alternativas de energía, incluyendo la construcción de centrales de **hidroelectricidad termoeléctricas** con gas natural, y en menor proporción plantas de energía nuclear, solar y **eólica**.

Ahora la dimensión del problema medioambiental de China va más allá de China misma. Con el crecimiento de su economía, este país ha afectado sus recursos naturales y ahora perjudica los recursos de otros países. De no darse un cambio radical en los patrones de crecimiento económico, para el año 2020 China habrá perdido el 25% de la tierra cultivable, las necesidades de agua se habrán incrementado en un 40%, las descargas de agua se elevarían casi un 3.000 por ciento y las emisiones de dióxido de sulfuro crecerían en un 150%.

Roberto Hernández Hernández

---

hidroelectricidad: energía eléctrica obtenida por fuerza hidráulica.
termoeléctrico: de la energía eléctrica producida por el calor o relativo a ella.
eólico: del viento o producido por él.

ECONOMÍA

Ejercicios

I. Vocabulario

1. Escribe oraciones utilizando los verbos de abajo.

1) Contener: ______________________________

2) Revertir: ______________________________

3) Encargar: ______________________________

4) Ajustar: ______________________________

5) Referirse a: ______________________________

2. Explicar la diferencia de las siguientes expresiones.

1) Encargado de, Cargado de

____

____

____

II. Comprensión del texto

1. ¿Cuál es la interpretación o percepción oficial de la dirigencia china ante el problema?

____

____

____

____

2. Enumera problemas concretos ambientales que enfrenta China.

3. ¿Cuál crees que es la esencia de este problema ambiental chino?

4. Indica las estrategias para solucionar el problema medioambiental.

5. Los tres factores del crecimiento industrial de China son:

III. Gramática

1. Llenar el espacio con las preposiciones adecuadas.

1) En ese país la población se incrementa ( ) 10 millones de personas al año.
2) Los líderes chinos reconocen que aunque se ha trabajado en el cuidado del medio ambiente, aún falta mucho ( ) hacer.
3) Ningún sistema era inmune ( ) los problemas de agotamiento de los recursos, la contaminación ambiental y el desequilibrio ecológico.
4) Las enfermedades pulmonares crónicas son la principal causa de muerte en China, con una tasa de mortalidad cinco veces superior ( ) la de Estados Unidos.
5) En ese año los líderes chinos participaron ( ) la conferencia de Estocolmo sobre Medio Ambiente Humano.
6) Tales secciones de ríos no cumplen ( ) los estándares mínimos necesarios para la irrigación.
7) Los niños estudiados en Shenyang tienen niveles de plomo en la sangre, ( ) promedio, del 80 por ciento por encima de los niveles considerados peligrosos para el desarrollo mental.
8) El patrón de crecimiento industrial se ha caracterizado ( ) un alto consumo de recursos y energía.
9) ( ) lo largo de los noventa la producción industrial contribuyó, aproximadamente, con el 70 por ciento del PNB de China.
10) El problema de fondo radica ( ) que el carbón es la principal fuente de energía de China.

IV. Discusión

1. China, como otros países del mundo, se enfrenta al problema ambiental en su búsqueda de crecimiento económico. ¿A qué se le debería dar prioridad: a la protección ambiental o a la industralización?

2. Se dan varias medidas destinadas a mitigar y solucionar la degradación ambiental como, por ejemplo, el uso de energía renovable y el fortalecimiento de la inspección ambiental. ¿Qué otras medidas crees que serían apropiadas para detener este proceso de destrucción ambiental?

Lección 8

El maíz y el bioetanol

Objetivos :

En esta lección vas a:

- Entender el significado que implica el uso del maíz como fuente de bioetanol.
- Aprender la relación entre la producción de bioetanol y la crisis alimentaria.
- Aprender la terminología relacionada con la energía.

Antes de leer :

1. Investiga sobre biocombustibles y, en particular, sobre el bioetanol.
2. Averigua las causas del cambio climático.
3. Investiga las razones de la crisis alimentaria en el mundo.

Esta lección ha sido preparada para darles margen de pensamiento a los lectores sobre la crisis alimentaria y la energía alternativa. El maíz fue la comida más básica del mundo hispánico, pero está siendo la principal fuente para producir bioetanol. Así que la subida del precio del maíz amenaza la vida de millones de hispanohablantes. Es un tema actual del mundo latinoamericano.

El maíz y el bioetanol

El etanol tiene como una de sus fuentes de obtención actual el maíz y este grano es utilizado para el consumo humano y animal en la alimentación, lo cual plantea una **disyuntiva** en la evidente competencia entre alimentos para consumo humano y combustibles para automotores. El interés creciente por el desarrollo de combustibles renovables y no contaminantes del medio ambiente tiene su origen en dos preocupaciones: el calentamiento global y el posible **desabastecimiento** de petróleo. En consecuencia, el incremento de la producción de etanol como combustible responde al intento de resolver dos problemas: el fuerte incremento del precio del petróleo en el mundo y el aumento de gases con efecto invernadero que genera el calentamiento global.

---

disyuntiva: alternativa entre dos posibilidades por una de las cuales hay que optar.

desabastecimiento: falta de determinados productos en un establecimiento comercial o en una población.

El fenómeno conocido como "calentamiento global" adquiere mayor importancia en la década de los noventa en la cumbre de Kyoto, Japón, en 1997, donde se intentó establecer una política ambiental global que redujera las emisiones de gases con efecto invernadero que incluyen al dióxido de carbono, producto de la **combustión** del petróleo. Los países industrializados son los responsables de la mayor emisión de gases contaminantes a la atmósfera y en consecuencia en los que **recae** la responsabilidad y solución a este problema. Se podría sostener que los países integrantes de la *OCDE*, quienes consumen el 56% de la energía del planeta, tienen la necesidad imperiosa de un combustible que reemplace al petróleo, que es uno de los causantes del cambio climático global a través de la emisión de dióxido de carbono y otros gases de efecto invernadero.

Por otra parte, la preocupación por el "desabastecimiento de petróleo" en el mundo está fundamentada sobre la base de la existencia limitada de reservas petroleras y su localización en zonas de alta conflictividad social y política que están fuera del alcance de las **transnacionales** estadounidenses: Venezuela, Rusia, Irán, Nigeria, entre otras. Sin embargo, el súbito incremento del precio del petróleo se atribuye a un aumento de la demanda por parte de EE.UU. y China a partir del 2001. Esta demanda se incrementó un 15%, siendo estos países los mayores consumidores mundiales con el 30% del consumo total. Si bien es cierto que por el lado de la oferta existe una estructura de mercado altamente **oligopolizada** –liderada por

---

combustión: reacción entre el oxígeno y un material combustible que, por desprender energía, suele causar incandescencia o llama.

recaer: venir a parar en alguien beneficios o gravámenes.

transnacional: que se extiende a través de varias naciones, empresa multinacional.

oligopolio: mercado en el cual un número reducido de vendedores ejerce control sobre el precio y acapara la venta de un producto.

la OPEP–, tanto ésta como Rusia han aumentado su producción, aunque existe una evidente tensión por la inestabilidad geopolítica y social en algunas regiones productoras de petróleo.

En este sentido, existe una preocupación real por una amenaza de escasez de petróleo debido a las razones ya señaladas, por ello los principales países industrializados han diseñado una estrategia para utilizar energía alternativa en la cual se incluye la producción de etanol como una buena alternativa para resolver ambos problemas. Sin embargo, en el debate relacionado con la producción de etanol existen dos puntos de vista contradictorios; desde un extremo se argumenta que la producción de etanol tendrá beneficios ambientales y sociales, entre ellos la mitigación del cambio climático y una contribución a la seguridad energética al disminuir las importaciones de petróleo como los principales motivos del apoyo del sector público.

Uno de los argumentos utilizados por los EE.UU. para impulsar la producción de etanol es que este podría contribuir a disminuir su dependencia de las importaciones de petróleo, ya que según estimaciones recientes el 50% de la producción de maíz de EE.UU. podría destinarse a la producción de etanol en 2010. Sin embargo los críticos señalan que no obstante el gran volumen que significa esta cantidad, esto sólo representaría menos del 8% del consumo de gasolina de ese país, y pondría en **entredicho** el costo económico y social de esta estrategia energética.

En contraparte, en el otro extremo se argumenta que la producción de etanol y de otros biocombustibles conducirá al alza de los precios de los alimentos y agudizará la competencia entre alimentos

---

entredicho: duda que recae sobre algo o alguien, especialmente sobre su honradez o veracidad.

y combustibles. Incluso se afirma que la producción de etanol es uno de los principales factores desencadenantes de la actual crisis alimentaria mundial. Se asegura también que habrá una fuerte competencia por la tierra y el agua entre los cultivos dedicados a la producción de biocombustibles y a la de alimentos, y esto ocasionará una fuerte deforestación en las regiones productoras y un deterioro de los **suelos**. Se estima que el impulso a este tipo de bioenergéticos tendrá un costo muy alto y competirá por recursos del gobierno con las gasolinas.

Sin embargo, los países que han **emprendido** esta estrategia no parecen pensar lo mismo, ya que para impulsar la producción de etanol han establecido apoyos crecientes a los biocombustibles para que puedan competir con las gasolinas. En EE.UU. los apoyos incluyen incentivos para el consumo (reducción de impuestos al combustible) e incentivos a la producción a través de **exenciones fiscales**, garantías de préstamo y pago de **subsidios** directos que se estiman en más de 7.000 millones de dólares al año.

En este contexto de crisis energética y energías alternativas, EE.UU. es el mayor consumidor e importador de petróleo y emite el 25 por ciento de los gases contaminantes a la atmósfera por una parte. En el otro extremo, es el mayor productor y exportador de maíz en el mundo y el segundo productor mundial de etanol a partir de maíz.

Al final se presenta una disyuntiva en la producción de etanol

---

suelo: superficie de la Tierra.

emprender: comenzar una obra, negocio, etc., especialmente los que entrañan alguna dificultad o peligro.

exención: liberación de una carga, culpa, obligación.

fiscal: del fisco o hacienda pública o relativo a él, funcionario judicial que representa al Estado y se encarga de la acusación pública en los tribunales.

subsidio: ayuda o auxilio económico extraordinario concedido por un organismo oficial.

a partir del maíz: la competencia entre alimentos y combustibles, cuyo ejemplo más evidente es el precio del maíz, que aumentó un 60% entre 2006 y 2007, cuyo incremento se debe en que una parte creciente de la producción de maíz de EE.UU. se está destinando a la producción de etanol, lo cual ha provocado una disminución de la oferta mundial y el incremento de los precios internacionales.

En el caso de la producción de etanol a partir del maíz, los EE.UU. son el principal productor y exportador de maíz en el mundo, con gran poder de mercado, el suficiente para influir en los precios a través de la oferta mundial. Sin embargo, cantidades crecientes de maíz son destinadas a la producción de etanol: se destinan más de 35 millones de toneladas de maíz de sus 295 millones de producción total. La política de los EE.UU. sobre la producción de etanol a partir del maíz se ha definido como prioritaria desde 2001 y se plantea como **meta** producir anualmente 35.000 millones de galones de agrocombustibles para el año 2017.

Esta política explica la preocupación de los EE.UU. para abastecerse de combustibles alternativos, ya que importa el 61% del petróleo crudo que consume, a un costo de 75 billones de dólares por año y ante un escenario de aumento del precio, inestabilidad en las regiones ricas en petróleo y creciente competencia por este **hidrocarburo** por parte de China y la India; siendo el mayor consumidor de petróleo, esa preocupación es comprensible.

En este sentido, el precio del maíz ha estado estrechamente ligado al comportamiento del precio del petróleo en los últimos años, pues es a partir de 2001 cuando el precio del petróleo inicia una clara

---

meta: finalidad, objetivo que alguien se traza.

hidrocarburo: cada uno de los compuestos químicos resultantes de la combinación del carbono con el hidrógeno.

tendencia alcista, en 2004 alcanzó los 28,4 dólares el barril y para el 2006 ya rebasaba los 49,6 dólares por barril, es decir, un incremento de más del 73 por ciento. En el año 2010 el precio alcanzó más de 80 dólares, no obstante la crisis reciente de la economía mundial y la recesión en los principales países industrializados ha provocado una drástica disminución de la demanda y la caída del precio. Al igual que esta tendencia, el precio del etanol ha experimentado un comportamiento ascendente, lo cual ha **inducido** a la expansión de su producción.

Desde esta perspectiva, los Estados Unidos han visto como una alternativa la producción de etanol a partir de maíz y soja, que **constituyen** el 99% de todos los biocombustibles utilizados en ese país. En consecuencia, la cantidad de maíz cultivado para producir etanol se ha triplicado en EE.UU., al pasar de 18 millones de toneladas en el año 2001 a 55 millones en 2006. Lo anterior implica que se tendrá que disminuir la oferta internacional de maíz para ser destinado a las refinerías de etanol o se ampliarán las superficies destinadas al cultivo de maíz en este país sustituyendo otros cultivos. De cualquiera de las dos formas, esto implica una reasignación del recurso tierra donde competirá la producción de combustibles contra la producción de alimentos.

Esta iniciativa de producción de etanol por parte de EE.UU. ha sido muy criticada dado que se argumenta que desde el punto de vista de la eficiencia el balance energético es negativo, pues algunos señalan que la producción de etanol a partir del maíz en este país requiere más energía fósil para producirlo que la que produce. También se advierte de que la producción de etanol *no resolverá el*

---

inducir: instigar, incitar.
constituir: formar, componer.

problema de abastecimiento de gasolina en el sistema de transporte, sino que podría ocasionar un alza en los precios de los alimentos.

Por las razones antes señaladas, podemos deducir que los principales factores que han provocado el incremento de los precios del etanol están estrechamente ligados al problema del posible desabasto de petróleo en el mercado mundial y a la fuerte demanda **encabezada** por EE.UU. y la presión de China como potencia demandante que ha provocado el alza de los precios en el mercado mundial. Esas razones han sido suficientes para que los EE.UU., principal demandante de petróleo en el mundo, emprendan una agresiva política de desarrollo de combustibles alternativos como es el caso particular del etanol.

Saúl Martínez

---

encabezar: presidir, poner o ponerse al frente de algo.

Ejercicios

I. Vocabulario

1. **Consumir:** Comprar y utilizar lo que ofrece el mercado.

Consumo: Acción y efecto de consumir.

Consumición: Gasto de cosas que con el uso se extinguen.

Consumismo: Afán por comprar bienes indiscriminadamente, aunque no sean necesarios.

Consumidor: Que compra y consume productos elaborados.

Consumista: Del consumismo o relativo a él.

2. **Alimentar:** Dar alimento (la madre alimenta a su hijo).

Alimento: Cualquier sustancia que toma o recibe un ser vivo para su nutrición.

Alimentación: Suministro de alimentos.

Alimenticio: Que alimenta o tiene la propiedad de alimentar.

Alimentario: De la alimentación o de los alimentos, o relativo a ellos.

Alimentador: Conductor de energía eléctrica. Dispositivo que facilita la introducción de papel en una impresora.

3. **Competir:** Luchar, rivalizar entre sí varias personas por el logro de algún fin.

Competencia: Rivalidad, oposición entre quienes aspiran a conseguir lo mismo.

Competición: Prueba en la que se lucha por conseguir un triunfo deportivo.

Competitividad: Capacidad para competir por tener las propiedades necesarias.

Competente: [Persona u organismo] a quien compete o incumbe alguna cosa, [persona] experta o que conoce bien una disciplina o una técnica, o [persona] que tiene capacidad y aptitudes para ocuparse de ella.

Competitivo: [Persona o cosa] que, por su calidad o sus propiedades, es capaz de competir con alguien o algo.

Competidor: [Elemento] que compite con otro para el logro de algún fin.

4. Alzar: Levantar algo, mover hacia arriba.

Alza: Aumento o subida de precio, valor, intensidad.

Alzamiento: Levantamiento de abajo hacia arriba, levantamiento o rebelión.

Alcista: Del alza de los valores, especialmente en la Bolsa, o relativo a ella.

Ascendente: Que asciende o sube.

5. Mayor: Que supera a una persona o cosa en cantidad, calidad, edad, intensidad, importancia.

Mayoría: La mayor parte de algo. Ej.) La mayoría absoluta, la mayoría relativa, la mayoría de edad.

Mayoreo: Venta al por mayor.

Mayorista: Comerciante que vende al por mayor.

Al por mayor, por mayor: En cantidad grande. Ellos venden la bebida al por mayor.

II. Comprensión del texto

1. ¿Qué quiere resolver el uso de etanol como combustible?

2. ¿Por qué el autor argumenta que los países industrializados son responsables del problema del cambio climático?

3. ¿Qué problema tiene, en definitiva, el uso de etanol como combustible?

Lección 9 La geografía y la historia económica de Perú

Objetivos :

En esta lección vas a:

- Aprender las características geográficas de Perú.
- Entender los modelos de desarrollo económico y los problemas económicos que ha enfrentado Perú.
- Aprender algunos términos económicos.

Antes de leer :

1. Investiga las guerrillas de Perú como Sendero Luminoso y el MRTA(Movimiento Revolucionario de Tupac Amaru).

2. Busca informaciones sobre la causa y el resultado de la Guerra del Pacífico.

3. Investiga para entender el fenómeno de la "Enfermedad Holandesa (Dutch Disease: 화란병)".

4. Infórmate de conceptos económicos como el Producto Interno Bruto, el Ingreso per cápita y la Balanza de Pagos.

< Datos básicos de Perú >

Población: *29.164.883 (2009)*

PIB(Producto Interno Bruto):

153.549.000.000 de dólares corrientes (2010)

Ingreso per cápita(PPA): 9.175 dólares

Industria: Agricultura, pesquería, extracción mineral, textil, etc.

Se espera que a través del texto el lector pueda aprender las características geográficas y la breve historia económica de Perú. Los países latinoamericanos comparten casi el mismo proceso de desarrollo histórico. Con este texto, podrá aprender los modelos económicos latinoamericanos de los siglos XIX y XX, y también varios términos económicos.

La geografía y la historia económica de Perú

Esta nación andina posee un territorio de 1,3 millones de km^2, que se extiende desde la costa pacífica desértica hasta la selva amazónica cruzando las elevadas cordilleras andinas; se encuentra dotada de una gran variedad de recursos naturales que determinó su temprana inserción en la economía internacional como exportador de **materias primas**. **Heredero** de un rico conjunto de civilizaciones prehispánicas, Perú recibió desde la época colonial aportaciones poblacionales diversas -africanos esclavizados, europeos y, en la era republicana, asiáticos originarios principalmente de China y Japón- que se agregaron a su población original y constituyen hoy un complejo mosaico marcado por hondas diferencias y desigualdades de orden social y racial.

Desde su independencia en 1824, Perú ha pasado por numerosos períodos de inestabilidad y dificultades económicas y políticas, y las últimas décadas del siglo XX constituyen el más reciente episodio de esta naturaleza. En efecto, el país experimentó en 1976 una

---

materia prima: cada una de las que emplea la industria para su conversión en productos elaborados.

heredero: lo que recibe una situación del pasado.

crisis de deuda externa temprana que **desencadenó** un largo período de **estancamiento** con inflación creciente asociado, desde 1980, a la progresiva extensión a todo el territorio nacional de la insurrección del grupo armado conocido bajo el nombre de Sendero Luminoso. Es a partir de 1992, después de una larga sucesión de fallidos programas de ajuste económico, asociados a muy elevados costos sociales, que las autoridades peruanas lograron estabilizar la economía, introducir reformas estructurales y retomar el control político-militar del país.

En el concierto latinoamericano, Perú figura en el grupo de economías de tamaño medio; medida en términos de Producto Interno Bruto (PIB) expresado en dólares, se ubica en la séptima posición después de Brasil, México, Argentina, Venezuela, Colombia y Chile. Si consideramos el Ingreso Nacional Bruto (INB) per cápita en dólares, la economía peruana se sitúa en el mismo rango, después de las economías relativamente más ricas de México, del Cono Sur - Argentina, Chile y Uruguay-, y de Venezuela, y delante de sus demás socios del área andina.

El territorio de Perú está constituido por tres grandes regiones naturales de desigual importancia. Las llanuras costeras, que reciben muy escasas **precipitaciones**, alternan las zonas desérticas con los oasis creados alrededor de los ríos que descienden de las cordilleras andinas, donde se **asentaron** las principales poblaciones. Esta región, que sólo representa el 12% de la superficie del país, concentra la mayoría de las actividades económicas a la vez que alberga una

---

desencadenar: originar, comenzar o ser causa de sucesos y sentimientos.
estancamiento: suspensión o detención de una acción o del desarrollo de un proceso.
precipitación: agua procedente de la atmósfera y que en forma sólida o líquida se deposita sobre la superficie de la tierra.
asentar: poner o colocar a alguien o alguna cosa de modo que permanezca firme.

elevada proporción de la población y las ciudades más importantes, en primer lugar la capital, Lima. La producción agrícola, favorecida por la fertilidad de las tierras, tropieza con las necesidades de riego y la escasez de agua. Se concentró tradicionalmente en los cultivos de algodón, caña de azúcar y arroz, complementados por una variedad de otras producciones de frutas y verduras. Esta región cuenta con pocos recursos minerales, con la excepción de yacimientos petroleros, ubicados en el extremo norte, explotados durante el siglo XX y que se encuentran ahora prácticamente agotados.

Las cordilleras andinas y la selva amazónica, que constituyen la mayoría del territorio peruano, comparten grandes dificultades de acceso que obstaculizan seriamente su incorporación plena a la economía nacional. La sierra, antigua cuna de la civilización andina, cubre el 28% del territorio del país y posee tierras de bajo **rendimiento**, a la vez que concentra la mayoría de los recursos minerales del país, algunos de los cuales hicieron la fama de riqueza natural que Perú ostentó desde la época colonial: oro, plata, cobre, zinc, plomo. La región selvática del bosque tropical húmedo es la más extensa (el 60% del territorio) y la menos poblada y conocida del país. Parte de esta región estuvo vinculada al **auge** del caucho de finales del siglo XIX e inicios del XX.

Incorporado por primera vez en la economía-mundo eurocéntrica en tanto territorio colonial, Perú ha mantenido desde estos inicios forzados y hasta la actualidad su condición de exportador de materias primas o de procesados intensivos en recursos naturales. Desde su independencia hasta la década de los setenta del siglo pasado, aplicó con pocas interrupciones una política de economía abierta.

---

rendimiento: producto o utilidad que rinde o da una persona o cosa.
auge: periodo o momento de mayor elevación o intensidad de un proceso o estado de cosas.

En una obra dedicada al crecimiento económico de largo plazo de Perú, se distinguen tres grandes ciclos exportadores en aproximadamente 150 años de vida republicana del país.

El primer auge exportador se basó en el guano, utilizado como **fertilizante** en la agricultura occidental, y duró aproximadamente 50 años, iniciándose en 1830 y terminando con la guerra del Pacífico (1879-1881) que opuso Bolivia y Perú a Chile, guerra en la cual **venció** este último y que marcó la peor crisis de la historia del Perú independiente.

El segundo período de elevado crecimiento de las exportaciones inició en las dos últimas décadas del siglo XIX y se fundamentó sobre una canasta más amplia y variable de productos, tanto de origen agrícola, con el algodón y el azúcar provenientes de la costa, la lana de la sierra sur y el caucho de la selva amazónica, como de carácter extractivo, con el petróleo de la costa norte y los minerales (cobre y plata) de la sierra. La crisis económica mundial de los años treinta puso fin a este auge exportador.

Finalmente, el último ciclo exportador peruano se inició con el final de la crisis de los treinta y terminó con otra **recesión** mundial, la de mediados de los 60, que suscitó el **desplome** de sus precios de exportación. Se apoyó inicialmente en la mezcla de productos del período anterior, la que fue modificándose a favor de los minerales (cobre, plata, hierro, zinc y plomo) y de los productos pesqueros, **decayendo** las exportaciones agrícolas y las petroleras conforme iba subiendo la demanda interna.

---

fertilizante: abono, sustancia con que se fertiliza la tierra.
vencer: derrotar, rendir al enemigo, competidor o adversario.
recesión: disminución de las actividades económicas, comerciales e industriales.
desplome: caída de algo desde la posición vertical.
decaer: debilitarse, perder cualidades o condiciones de fuerza, importancia o valor.

Cada uno de los auges exportadores fue acompañado por políticas de libre-cambio y se apoyó ampliamente en la inversión extranjera. Su finalización implicó cada vez para el país una grave crisis económica iniciada por problemas de balanza de pagos y de deuda externa y seguida de restricción del gasto interno, inestabilidad política, cambios de gobierno así como un cuestionamiento general del modelo primario-exportador. Estos períodos de crisis impulsaron cambios en el rumbo de la política económica, que incorporaron una mayor intervención del gobierno y esfuerzos para crear fuentes internas de crecimiento autosostenido y para disminuir el grado de dependencia de la economía de exportación. Sin embargo, estas innovaciones en las políticas económicas no fueron exitosas.

Las restricciones externas propias del momento de crisis en la actividad exportadora, que acotaron severamente el margen de **maniobra** de las nuevas autoridades, combinadas con la falta de consistencia de las propias propuestas reformadoras, hicieron que los dos primeros intentos de modificación del modelo, en 1879 y 1930, tuvieran una vida corta; el último, iniciado en los años cincuenta, si bien fue más duradero, no logró resolver los problemas estructurales de la economía.

En el largo plazo, el modelo de desarrollo peruano basado en las exportaciones primarias solo sustentó una tasa promedio de crecimiento real baja, estimada en alrededor del 1% anual per cápita, y contribuyó a empeorar la desigual distribución del ingreso. Durante las fases de auge, el éxito y la **rentabilidad** comparativamente más alta del sector exportador, así como la amplia disponibilidad de divisas, desincentivaron la inversión en otros sectores producti-

---

maniobra: manejo,intriga. Margen de maniobra; 행동 여지, 자유.
rentabilidad: capacidad de rentar o producir un beneficio suficiente.

vos, como la industria orientada al mercado interno, un fenómeno conocido en la literatura económica bajo el nombre de "Enfermedad Holandesa". En consecuencia, la economía no desarrolló otros polos de crecimiento que hubieran podido paliar la debilidad de los sectores exportadores en momentos de baja demanda externa.

Genevieve Marchini

Ejercicios

I. Vocabulario

1. **Intensivo:** Más intenso, enérgico o activo que de costumbre.
Expresiones: Industria intensiva en mano de obra (노동집약적 산업), industria intensiva en capital (자본집약적 산업), Unidad de Cuidados Intensivos (중환자실).

2. **Demanda:** Pedido de mercancías o bienes sujeto al pago de una cantidad determinada, petición o reclamación judicial que se emprende contra alguien.
Demanda interna (내수:內需), Ley de la oferta y la demanda (수요와 공급의 법칙), Demanda civil (민사소송).

3. **Deuda:** Obligación que una persona tiene de pagar o reintegrar el dinero que debe.
Deuda Externa (외채): Deuda pública que se paga en el extranjero y con moneda extranjera.

4. **Balanza:** Comparación o juicio que el entendimiento hace de las cosas
Expresiones: Balanza de pagos (국제수지), Balanza de cuenta corriente (경상수지), Balanza comercial (무역수지).

5. **Modelo:** Objeto, aparato o construcción realizada conforme a un mismo diseño.
Expresiones: Modelo primario-exportador (1차상품 수출모델),

modelo económico orientado al exterior (대외지향 경제모델), modelo de desarrollo basado en la exportación (수출기반 발전모델).

6. Primario: Primero en orden o grado.

Expresiones: Industria primaria, industria secundaria, industria terciaria.

7. Ingreso: Ganancias económicas percibidas regularmente por algún concepto.

Expresiones: Desigual distribución del ingreso (불평등한 소득분배), Ingreso per cápita (1인당 국민소득).

8. Divisas: Moneda extranjera.

Expresiones: Mercado de divisas (외환시장).

9. Rentabilidad: Capacidad de rentar o producir un beneficio suficiente.

Expresiones: Este negocio es poco rentable.

El proyecto va a generar gran rentabilidad.

El gobierno instrumenta el proyecto a pesar de la baja rentabilidad.

II. Comprensión

1. Explica las características topográficas de Perú y enumera las tres grandes zonas geográficas.

2. Enumera los recursos minerales que Perú ostenta desde la época colonial.

3. Distingue los tres grandes ciclos exportadores de la economía peruana.

4. Define la causa que puso fin a cada ciclo exportador.

III. Gramática

1. Distingue las diferencias de las expresiones con el uso de "vez".

- **A la vez que:** A un tiempo, simultáneamente.

Haz una oración con la expresión "a la vez que".

- **A su vez:** Por orden sucesivo y alternado; también, por su parte: Él, a su vez, le hizo otro regalo.
- **A veces:** En ocasiones.
  A veces me siento solo y abandonado.
- **De una vez:** Con una sola acción.
  Tenemos que acabar la tarea de una vez.
- **En vez de:** En sustitución de una cosa o persona.
  Compró un auto compacto en vez de otro lujoso.
- **Tal vez:** Quizá.
  Tal vez ella está enamorada de Miguel.

2. Aprende varias expresiones relativas a década:

70년대: La década de los 70, los años 70.

3. Aprende los verbos que lleva otro verbo de modo infinitivo:

Lograr: Él logró aprobar el examen de una vez.

Conseguir: El oficialismo consiguió aprobar en diputados el presupuesto de 2011.

Alcanzar: Algunos estudiantes no alcanzaron aprobar el examen por falta de estudio.

4. Llene el blanco con la preposición apropiada.

1) La universidad privada César Vallejo de Lima no cuenta (   ) servicio de parkeo, incluso se les pide a los estudiantes dejar sus autos afuera de la escuela.

2) La terapia intensiva que él recibe está vinculada (   ) la lesión hepática.

3) El peso mexicano termina (   ) ganacias, y advierte mayor apreciación.

4) Una web keniana de denuncia contribuye (   ) salvar vidas en Haití.

IV. Discusión

1. Perú ha cambiado su modelo de desarrollo económico desde el proteccionismo hacia el neoliberalismo. Para un país como Perú, ¿cuál de los dos sería un modelo más apropiado para el desarrollo económico?

____

____

____

2. Los abundantes recursos naturales de que dispone Perú siempre han sido los productos principales de la exportación. ¿Es bendición o maldición la existencia de recursos naturales para un país como Perú?

____

____

____

Lección 10 El TLCAN y la diversificación del mercado

Objetivos :

En esta lección vas a:

- Entender la política comercial de México.
- Aprender el concepto básico del Tratado de Libre Comercio (TLC) y los efectos esperados por la misma herramienta comercial.
- Aprender la terminología relacionada con el comercio exterior.

Antes de leer :

1. Investiga sobre el Tratado de Libre Comercio de América del Norte(TLCAN).
2. Averigua conceptos básicos como los de reglas de origen y desgravación arancelaria.
3. Investiga los efectos económicos posibles de un Tratado de Libre Comercio.

El TLCAN y la diversificación del mercado

En un inicio, la estrategia comercial del gobierno salinista **contempló** el avance de la apertura comercial con Estados Unidos, a través de la suscripción de acuerdos bilaterales, considerando sectores específicos. Sin embargo, siendo ya presidente electo Carlos Salinas, este recibió la propuesta de su **homólogo** estadounidense George Bush, en noviembre de 1988, acerca de la conveniencia de establecer un área de libre comercio entre las dos naciones. La primera respuesta de Salinas fue de **rechazo**, debido a que, en ese momento, se encontraba más interesado en la reducción de la carga de la deuda externa mexicana que en desarrollar otro tipo de iniciativas.

Sin embargo, el escenario mundial se modificó con rapidez en diversas regiones del mundo. Los países de Europa oriental rompieron con el sistema socialista y se propusieron constituir economías de mercado, con lo cual comenzaron a competir por los flujos de inversión internacional. Por otra parte, se integró la Unión Europea y

---

contemplar: considerar o tener en cuenta.
homólogo: [persona] que desempeña actividades, funciones o cargos semejantes a los de otra.
rechazo: no aceptación, no admisión o resistencia a algo.

planteó su intención de establecer una zona monetaria común. En el área de influencia de Japón, esta potencia consolidó sus relaciones comerciales con los países del sureste asiático. Por último, Canadá y Estados Unidos suscribieron un Tratado de Libre Comercio, dejando atrás los acuerdos bilaterales negociados por sector, como el acuerdo automotriz establecido con anterioridad. En otras palabras, fue evidente que la globalización adoptaría la forma de bloques regionales, los cuales establecerían relaciones estrechas entre sí.

En este escenario, y después de renegociar la deuda externa mexicana, Carlos Salinas retomó la iniciativa estadounidense de negociar la creación de un área de libre comercio entre Estados Unidos y México. El representante de los mexicanos fue Jaime Serra Puche, secretario de Comercio, quien coordinó la negociación durante el periodo 1989-1993. Es interesante observar que el gobierno canadiense, quien ya tenía suscrito un Tratado de Libre Comercio con Estados Unidos, solicitó participar en las nuevas negociaciones, dando origen al área (trilateral) de libre comercio de América del Norte.

Cabe **subrayar** que la negociación entre las tres naciones fue larga y compleja. En ella se abordaron los aspectos que corresponden a un área de libre comercio, como el acceso a mercados, la determinación de los períodos y la **desgravación arancelaria**, la resolución de controversias, las reglas de origen y los derechos sobre la propiedad intelectual, entre otros. Sin embargo, los acuerdos sus-

---

plantear: exponer un tema, problema, duda, dificultad, etc.

subrayar: destacar o recalcar.

desgravación: descuento de gastos que pueden deducirse del importe de un impuesto.

Tratado de Libre Comercio: FTA, **desgravación arancelaria** 관세인하, **resolución de controversias** 분쟁해결, **reglas de origen** 원산지 규정, **derechos sobre la propiedad intelectual** 지적재산권, **servicios financieros** 금융서비스.

critos incorporaron disposiciones adicionales significativas que, en general, no se incluyen en los tratados de libre comercio, como la liberalización de los flujos de inversión y los servicios financieros.

En las negociaciones se ejercieron fuertes presiones políticas provenientes de cada uno de los participantes. Por ejemplo, México presionó para que el TLCAN incluyera una cláusula sobre la migración de trabajadores, a lo cual se negó Estados Unidos; este último sólo se **comprometió** a **facilitar** la movilidad de los individuos que se encontraran en la categoría de "**hombres de negocios**". Asimismo, Estados Unidos presionó a México para que le concediera, como ya lo había hecho Canadá años atrás, una **cláusula** en la que se le garantizara el abasto petrolero; el gobierno mexicano resistió y no se incorporó en el TLCAN ninguna cláusula al respecto.

Como ya se mencionó, el proceso fue difícil, especialmente entre México y Estados Unidos: México debió negociar primero con un

---

cláusula: cada una de las disposiciones o condiciones de un contrato, ley, tratado.

comprometer: acordar, pactar una venta o un negocio, contraer una obligación o compromiso, especialmente el de matrimonio.

facilitar: hacer fácil o posible alguna cosa.

hombres de negocios: 기업인.

presidente republicano (George Bush padre) y, después, con uno demócrata (William Clinton). Por fortuna para el gobierno mexicano, el cambio del representante estadounidense no **implicó** **reabrir** la discusión del tratado; sin embargo, tuvieron que discutirse los llamados "**acuerdos paralelos**", referentes a la protección ambiental y a los derechos laborales, los cuales no se tenía previsto incorporar. Por otro lado, durante casi toda la negociación, la economía estadounidense se encontró en situación recesiva, lo que exacerbó las inclinaciones proteccionistas de muchos empresarios estadounidenses. Finalmente, apareció en el espectro electoral de Estados Unidos un candidato presidencial *sui generis*, Ross Perot, un **excéntrico** millonario texano, cuya plataforma política coincidía con la del Partido Republicano en todo, excepto en lo referente al libre comercio con México. Dicho personaje, que desde el punto de vista electoral surgió de la nada, se dedicó a **pregonar** que Estados Unidos sería el perdedor y México el ganador, en caso de suscribirse un tratado de libre comercio entre ambos. De manera sorprendente, Perot alcanzó casi el 20% de la votación presidencial en 1994, en la **contienda** contra William Clinton y George Bush (padre).

El TLCAN entró en vigor el 1 de enero de 1994, pero eso, por una parte, intensificó la necesidad de diversificación del mercado para la política comercial de México.

---

implicar: contener, llevar en sí, significar.
acuerdos paralelos: 부속협정.
***sui generis*:** singular, excepcional o extraño en su género.
excéntrico: raro, extravagante, fuera de lo normal.
pregonar: publicar en voz alta un asunto de interés público.
contienda: discusión, debate.

¿Hacia la diversificación del comercio exterior mexicano?

Desde hace tiempo, cada presidente de México ha enfatizado, en mayor o menor grado, la necesidad de diversificar la dirección de los flujos comerciales mexicanos, los cuales han estado vinculados estrechamente con la economía estadounidense. En efecto, para una economía la dependencia comercial del destino de sus exportaciones, así como del origen de sus importaciones, puede representar aspectos positivos, pero también ocasionar **inconvenientes**.

Por ejemplo, si la economía estadounidense entrara en la fase ascendente de su ciclo, es decir, aquélla en la cual crece su producción, su ingreso y su empleo, el crecimiento de la economía mexicana también aumentaría. Esto ocurre así debido a que Estados Unidos importaría más y, como se sabe, una parte de sus importaciones sería satisfecha nada menos que con mayores exportaciones mexicanas. Por el contrario, si la economía estadounidense entrara en la fase descendente de su ciclo, eso significaría la contracción de su producción, de su ingreso y de su empleo, lo cual desaceleraría a la mexicana. ¿Por qué? Porque los estadounidenses importarían menos, lo cual resultaría en la reducción de las exportaciones mexicanas hacia dicho mercado.

Si México redujera su dependencia comercial respecto de Estados Unidos, ciertamente resultaría menos afectado por una desaceleración económica estadounidense. Sin embargo, es importante tener presente que, en caso de auge en la economía estadounidense, se impulsaría menos a la mexicana. Por ello, no es posible obtener las ventajas de la diversificación del comercio de un país y, al mismo

---

inconveniente: impedimento para hacer una cosa.

tiempo, conservar las de la fuerte vinculación comercial. Al tomar una medida deben aceptarse los costos asociados con la misma.

La estrategia para diversificar el comercio exterior de México ha ocasionado que éste sea el país que ha suscrito tratados de libre comercio con el mayor número de naciones en el mundo. Es interesante señalar que suscribió un Acuerdo de Complementación Económica con Chile en 1992, antes de la firma del TLCAN con Canadá y Estados Unidos. En la actualidad, México ya tiene tratados suscritos con 42 países y, además, es el único en el mundo en tener, al mismo tiempo, un Tratado de Libre Comercio con la Unión Europea y uno con Estados Unidos.

Luis Quintana Romero

Ejércicios

I. Vocabulario

1. **Suscribir:** Firmar al pie o al final de un escrito, abonarse para recibir una publicación periódica.

   Suscripción: Contribución a una sociedad o entidad, abono a una publicación periódica.

   Suscriptor: Persona que suscribe o se suscribe.

   Suscrito: Participio irregular de suscribir.

2. **Abordar:** Acercarse a una persona para tratar con ella un asunto, atracar una nave.

   Abordaje: Roce o choque de una embarcación con otra.

   Bordo: Cada costado exterior de la nave.

   A bordo: En la nave.

   Bordada: Camino que hace entre dos viradas el barco que navega girando para avanzar hacia barlovento.

3. **Negociar:** Comerciar con mercancías o valores.

   Negocio: Ocupación encaminada a obtener un beneficio.

   Negociación: Comercio con mercancías o valores para obtener unas ganancias, gestión o resolución de un asunto, especialmente por la vía diplomática.

   Negociabilidad: Posibilidad de negociar algo.

   Negociable: Que se puede negociar, sobre todo de un documento de crédito.

Negociante: [Persona] que se dedica profesionalmente a los negocios o a las actividades comerciales, o que tiene gran facilidad para los mismos.

Negociador: Que negocia.

4. **Conceder:** Dar o entregar quien tiene el poder o la autoridad para hacerlo.

Concesión: Acción y resultado de conceder, contrato por el cual el Gobierno otorga a empresas o a particulares la gestión y la explotación de ciertos bienes públicos.

Concesionario: [Persona o entidad] que tiene la concesión de un servicio o la distribución de un producto determinado.

Concesivo: Que se concede o puede concederse.

5. **Retroceder:** Volver hacia atrás.

Retroceso: Vuelta hacia atrás.

Recesión: Retirada, retroceso, disminución de las actividades económicas, comerciales e industriales.

Recesivo: Que tiende a la recesión o la provoca.

6. **Contraer:** Reducir a menor tamaño o volumen, adquirir, asumir compromisos, obligaciones.

Contracción: Encogimiento de un nervio o un músculo, asunción de un compromiso o una obligación.

Contratación: Realización de un contrato a una persona en el que se pacta un trabajo a cambio de dinero u otra compensación.

Contrato: Pacto o convenio oral o escrito entre partes que se obligan sobre una materia o cosa determinada.

Contratista: Persona a la que se encarga la realización de una obra o servicio por contrata.

II. Comprensión del texto

1. ¿Cuál es el motivo de que el presidente Salinas cambiara su propuesta original e instrumentara el área de libre comercio con los Estados Unidos?

2. ¿Cuáles fueron las propuestas que no fueron aceptadas por sus contrapartes en la negociación del tratado?

3. ¿Qué costo o inconveniente tiene la integración del mercado y la intensificación de la dependencia entre los socios comerciales?

III. Gramática

1. Llenar el espacio con las preposiciones adecuadas.

1) Los países de Europa oriental rompieron ( ) el sistema socialista.
2) El gobierno canadiense solicitó participar en las nuevas negociaciones, dando origen ( ) área (trilateral) de libre comercio de América del Norte.
3) En ella se abordaron los aspectos que corresponden ( ) un área de libre comercio.
4) Este último sólo se comprometió ( ) facilitar la movilidad de los individuos.
5) México presionó para que el TLCAN incluyera una cláusula sobre la migración de trabajadores, ( ) lo cual se negó Estados Unidos.
6) Su plataforma política coincidía ( ) la del Partido Republicano en todo.

IV. Discusión

1. México enfrenta, en su política comercial, el problema de la dependencia comercial de los Estados Unidos. Su estrategia de diversificación del mercado no ha surtido efecto. ¿De qué manera crees que este país podría escapar de la dependencia del mercado estadounidense?

2. El Tratado de Libre Comercio se considera como la mejor opción para ampliar el mercado de exportación. ¿Crees que esta estrategia también será útil para Corea, como el caso del TLC Corea-Estados Unidos?

IV

CIENCIA NATURAL

Lección 11 El clima y el calentamiento global

Objetivos :

En esta lección vas a:

- Aprender varias palabras sobre climatología.
- Entender los fenómenos climáticos del mundo.
- Entender la esencia de la polémica sobre el calentamiento global.

Antes de leer :

1. ¿A qué tipo de clima pertenece nuestro país?
2. ¿Cómo influye el fenómeno llamado "El Niño" concretamente en nuestro país?
3. ¿Qué síntomas del calentamiento global podemos encontrar en nuestra vida diaria?

Imagen del terremoto del Océano Índico de 2004 en Ao Nang, Tailandia. (*http://en.wikipedia.org/wiki/File: 2004-tsunami.jpg*)

El clima y el calentamiento global
La influencia de las corrientes marinas en el clima

Sabemos ya que el océano tiene una influencia decisiva en las características del clima zonal. Sus efectos se conocían desde el principio. La continentalización siempre fue una de las características del clima. El mar absorbe calor y lo desprende más despacio que la tierra, por lo que puede calentar o enfriar el ambiente, gracias a la circulación de las brisas marinas. El clima de estas regiones se vuelve, así, más templado y más húmedo. Pero lo que aquí analizaremos es la influencia de las corrientes marinas en la circulación general de la atmósfera y en el clima de la Tierra. Atmósfera y océano se presentan como un conjunto muy unido: el océano calienta la atmósfera cuando está fría y la enfría cuando está caliente; la atmósfera causa las olas del mar y pone en marcha las corrientes superficiales, renovando el agua. Los **vientos alisios** empujan las corrientes oceánicas hacia el Oeste, mientras que los vientos del Oeste de las **latitudes** medias lo hacen hacia el Este. Además, en el

---

vientos alisios: 무역풍.
latitud: 위도.

océano hay corrientes de agua **convectivas**, como las atmosféricas de aire, que se establecen entre masas de agua más cálidas y más frías.

Las corrientes cálidas de agua van del ecuador a las altas latitudes acercándose a las costas orientales de los continentes. Estas corrientes cálidas **dulcifican** el clima, sus valores **térmicos** no son tan fríos como por la latitud pudiera suponerse, pero además, las masas de aire son más húmedas, por lo que las **precipitaciones** son más abundantes. Por el contrario, las corrientes frías, que van de las altas latitudes hacia el ecuador, se acercan a las costas occidentales de los continentes. Estas corrientes enfrían el clima, por lo que en latitudes bajas el clima no es tan caluroso como le correspondería. Además, las masas de aire que las acompañan son más frías, y por lo tanto menos húmedas. No obstante, el **gradiente** de estas características es muy acusado, por lo que en la costa Este de los continentes hay un notable contraste entre climas muy cálidos y fríos. Un contraste que es mayor que en la costa Oeste. Esta diferencia se debe a que las corrientes cálidas son más rápidas que las frías.

Debido a esta identidad entre las condiciones del océano y las atmosféricas, las oscilaciones de las corrientes provocan en los climas períodos notablemente más cálidos, fríos, húmedos o secos;

---

convectivo: perteneciente o relativo a la convección. (Convección: propagación del calor en fluidos y líquidos por el movimiento de sus partículas producido por las diferencias de densidad.)

dulcificar: mitigar la acerbidad, acrimonia, etc., de algo material o inmaterial.

térmico: perteneciente o relativo al calor o la temperatura.

precipitación: agua procedente de la atmósfera, y que en forma sólida o líquida se deposita sobre la superficie de la tierra.

gradiente: razón entre la variación del valor de una magnitud en dos puntos próximos y la distancia que los separa.

según los casos.

¿Estamos viviendo una época de calentamiento global causado por el hombre?

La opinión pública de los países desarrollados parece admitir que la Tierra atraviesa actualmente un periodo de calentamiento climático inducido por el vertido humano a la atmósfera de gases de **efecto invernadero** (el más importante de ellos es el CO_2 o dióxido de carbono). Desde hace unos años, numerosas voces críticas hacia esta creencia han empezado a oírse en diversos lugares del planeta. Como, por ejemplo, la de la divulgadora de la ciencia australiana Joanne Nova, quien, en su obra *El manual del escéptico*, expone que el dióxido de carbono no es la causa del aumento de las temperaturas, que en el presente ni siquiera existe calentamiento, y que los modelos **computacionales** creados por los climatólogos no pueden predecir el clima.

Para empezar, Joanne dice que debemos distinguir siempre entre efecto invernadero y calentamiento global, y plantearnos si éste último está verdaderamente causado por el ser humano.

La divulgadora, como los científicos de los que ella se ha documentado, señala que si los gases de efecto invernadero estuviesen calentando la atmósfera de la Tierra, según los modelos climatológicos deberíamos ver los primeros síntomas de ello a 10 kilómetros de altura por encima de los trópicos. Pero no podemos verlos por-

---

efecto invernadero: 온실효과.

computacional: dicho de un estudio o de un proceso: que se adapta a ser tratado mediante computadores.

que, hasta ahora, no existen.

Las muestras de hielo extraídas en Groenlandia en 1985 mostraron las temperaturas y los niveles de CO_2 desde hace 150.000 años hasta tiempos recientes. La temperatura y el CO_2 parecían estar íntimamente correlacionados. Fue la época en la que el "efecto invernadero" empezó a aparecer en los medios de comunicación. Pero, en 1999 las investigaciones científicas permitieron saber que la cantidad de dióxido de carbono en la atmósfera aumentaba y disminuía después de que lo hiciera la temperatura, y no al contrario, como se pensaba hasta entonces. Para el año 2003 ya se contaba con mejores datos que señalaban que el retraso era de 800 ± 200 años en promedio. Es decir, que unos 800 años después de aumentar las temperaturas, aumenta la cantidad de CO_2 en la atmósfera. La explicación más simple de esto es que conforme la temperatura aumenta, más CO_2 se incorpora a la atmósfera, debido a que cuando el océano se calienta libera dióxido de carbono.

Por otro lado, Nova y otros **escépticos** apuntan que el planeta ha dejado de calentarse desde el año 2001 de acuerdo con las mediciones de los climatólogos (los satélites que circundan la Tierra 24 horas al día midiendo temperaturas continuamente han detectado que la atmósfera ha dejado de calentarse), y que la Tierra se ha estado calentando desde la llamada "Pequeña Edad de Hielo" del siglo XVIII, mucho antes de que existieran los automóviles. De cualquier manera, añaden, las mediciones sistemáticas de la temperatura atmosférica empezaron hace menos de 100 años, lo que constituye un periodo de tiempo muy breve si hablamos de cambios climáticos. Y dicen más: muchas de las mediciones de temperatura fueron hechas

---

escéptico: que no cree o afecta no creer.

por estaciones en tierra firme, las cuales, en su criterio, no son de confianza por el **efecto "Isla Térmica Urbana"**. Dicho fenómeno consiste en que los termómetros situados en las ciudades están en realidad midiendo el calor urbano, el calor en un estacionamiento de automóviles o junto a una carretera muy transitada, por ejemplo, que no es válido para estudios climatológicos.

Además, argumentan, el dióxido de carbono, que genera el efecto invernadero absorbiendo la luz del sol, ya está cerca del límite de absorción, pues la cantidad de CO_2 actualmente presente en la atmósfera ya está absorbiendo la mayoría de la radiación lumínica que puede ser captada (el CO_2 sólo absorbe cierta porción del espectro de luz y está cerca de llegar a su punto de **saturación**). Nuevo CO_2 aportado a la atmósfera todavía puede captar un poco más de luz de longitudes de onda cercanas, pero nada más, ya que no quedan muchos **fotones** con la longitud de onda apropiada. Por tanto, si se agrega más dióxido de carbono a la atmósfera, la mayoría de éste será irrelevante para el efecto invernadero y, por tanto, para el calentamiento global.

---

efecto "Isla Térmica Urbana": 도시 열섬 효과.

saturación: estado de una disolución que ya no admite más cantidad de la sustancia que disuelve.

fotón: 광자(光子)(물리학).

CIENCIA NATURAL

Ejercicios

I. Vocabulario

1. *Escribe los sinónimos de las siguientes palabras.*

1) decisivo:
2) dulcificar:
3) abundante:
4) inducir:
5) estacionamiento:

2. *Escoge las definiciones adecuadas de las palabras siguientes.*

1) térmico:
2) precipitación:
3) escéptico:
4) saturación:

A. Perteneciente o relativo al calor o la temperatura.

B. Dicho de un estudio o de un proceso, que se adapta a ser tratado mediante computadores.

C. Agua procedente de la atmósfera, y que en forma sólida o líquida se deposita sobre la superficie de la tierra.

D. Estado de una disolución que ya no admite más cantidad de la sustancia que disuelve.

E. Que no cree o afecta no creer.

F. Perturbación atmosférica que consiste en un área de altas presiones y circulación de viento en el sentido de las agujas del reloj en el hemisferio norte, e inversamente en el sur.

II. Comprensión del texto

1. ¿Qué hacen concretamente los vientos alisios?

2. ¿Por qué en la costa este de los continentes hay un notable contraste entre climas muy cálidos y fríos?

3. ¿Qué quiere decir Joanne Nova con que la Tierra se ha estado calentando desde la llamada "Pequeña Edad de Hielo" del siglo XVIII, mucho antes de que existieran los automóviles?

CIENCIA NATURAL

III. Gramática

※ *Corrige los errores gramaticales en las oraciones siguientes.*

1. Atmósfera y océano se presentan un conjunto muy unido.

2. Esta diferencia se debe a que las corrientes cálidas sean más rápidas que las frías.

3. La cantidad de CO_2 actualmente presente en la atmósfera ya está absorbiendo la mayoría de la radiación lumínica que puede ser captado.

IV. Discusión

1. ¿Cuál podría ser el estado del clima de nuestro país dentro de cien años?

2. ¿Crees que en el futuro los seres humanos podrán controlar perfectamente el clima del mundo?

3. ¿Qué tipo de clima concretamente te gusta más?

Lección 12

La clonación

Objetivos :

En esta lección vas a:

- Aprender varias palabras específicas sobre biología.
- Entender el principio esencial de la clonación.
- Explicar en español para qué sirve la clonación y sus ventajas en nuestra vida cotidiana.

Antes de leer :

1. ¿Qué hipótesis podemos encontrar sobre el origen de la vida?
2. ¿Dónde y cuándo nació la oveja Dolly, el primer animal clonado?

Dos bellos clones: no tienen la misma edad, pero fueron clonados en Corea de la misma madre difunta. *(http://www.flickr.com/photos/jurvetson/3327872958/)*

La clonación

Clonación en plantas

La reproducción de clones se ha utilizado ampliamente en la agricultura desde la antigüedad. Un clon es un individuo genéticamente igual a otro. Un ejemplo son los **esquejes** de las plantas. Si a una planta le arrancamos un trozo y lo cultivamos hemos obtenido otra planta igual a la primera. Las plantas pueden producir **vástagos**, es decir, puede brotar del suelo otro ejemplar, o se pueden injertar. Hay algunas variedades de naranjo y de plátano que son estériles, no tienen semillas y todos los ejemplares que comemos proceden de un solo árbol, de modo que son clones. Una **mutación** casual provocó que no tuvieran semillas y como no se pueden reproducir sexualmente, ya que son estériles, los humanos las hemos reproducido mediante clonación. Un ejemplo de uso de la **micropropagación** o clonación de vegetales ha sido la llegada al

---

esqueje: tallo o cogollo que se introduce en la tierra para reproducir una planta.

vástago: renuevo o ramo tierno que brota del árbol o de otra planta.

mutación: alteración producida en la estructura o en el número de los genes o de los cromosomas de un organismo transmisible por herencia.

micropropagación: es el conjunto de técnicas y métodos de cultivo de tejidos

mercado centro y sudamericano de estas técnicas, en sintonía con la tendencia mundial que marca la biotecnología aplicada al sector **agroalimentario**.

Las ventajas de tener plantas reproducidas con estas técnicas son la garantía de su adecuada calidad **fitosanitaria** y el vigor de las mismas. Con el mejoramiento genético, obtenido a base del cultivo de tejidos en condiciones controladas de laboratorio, se incide favorablemente en los costos de producción de las empresas, y por lo tanto, en la rentabilidad de los agronegocios. También es relevante la aplicación de estas técnicas a la producción de alimentos mejorados cuyo consumo, en ciertas poblaciones con fuertes carencias nutricionales, supone una mejora de la dieta. No obstante, la producción de plantas clónicas tales como el agave, el tequilero, la piña, el banano, el tabaco y algunos vegetales ornamentales conlleva el **monopolio** de las grandes empresas sobre estos productos.

Clonación en animales

Uno de los objetivos buscados en la clonación de animales es unir la técnica de la clonación con la de la ingeniería genética de

---

utilizados para multiplicar plantas asexualmente en forma rápida, eficiente y en grandes cantidades. Se utiliza para multiplicar o propagar plantas nuevas, tales como aquellas creadas por ingeniería genética, mutagénesis o mejoramiento genético. 미소대량증식(배양용기 내에서 식물을 영양 번식하는 것으로, 부정아 형성, 액아분화, 시험관내 삽목 등의 기본적인 기술을 응용하여 대량으로 식물체를 증식시키는 기술).

agroalimentario: dicho de un producto agrícola: que ha sufrido tratamientos industriales.

fitosanitario: perteneciente o relativo a la prevención y curación de las enfermedades de las plantas.

monopolio: concesión otorgada por la autoridad competente a una empresa para que ésta aproveche con carácter exclusivo alguna industria o comercio.

mamíferos con el fin de producir medicamentos o sustancias con utilidad para la investigación o la ganadería. La idea es que una vez que se haya obtenido un animal transgénico interesante (por ejemplo, ovejas o vacas que en su leche **secretan** sustancias terapéuticas determinadas por un **gen** introducido previamente), ese individuo serviría de "molde" para generar varios ejemplares clónicos. Otra aplicación más (en la línea de la ganadería tradicional) sería asegurar copias de un ejemplar que haya mostrado buenos rendimientos (en carne, en leche, etc.).

La clonación evitaría que su buena combinación de genes (su **genotipo**) se "diluyera" al cruzarlo sexualmente con otro. Sin embargo, mientras el coste de la técnica sea elevado, no estará al alcance de las explotaciones ganaderas convencionales. Pero además habría que tener mucha precaución con la amenaza de pérdida de diversidad genética de la cabaña ganadera, ya que si se impusiera este método, se tendería a la uniformidad (una tendencia ya presente en la agricultura y ganadería actuales). Recordemos que la biodiversidad es un recurso valioso también en los "ecosistemas **agropecuarios**", ya que supone una reserva de recursos genéticos adaptados a diversas condiciones ambientales y a diversos contextos socioeconómicos.

Se ha hablado igualmente de que la clonación podría representar la salvación "**in extremis**" de ciertas especies silvestres amenaza-

---

secretar: dicho de una glándula: despedir materias elaboradas por ella y que el organismo utiliza en el ejercicio de alguna función.

gen: secuencia de ADN que constituye la unidad funcional para la transmisión de los caracteres hereditarios.

genotipo: conjunto de los genes de un individuo, incluida su composición alélica.

agropecuario: que tiene relación con la agricultura y la ganadería.

in extremis: en los últimos momentos de la vida o en una situación peligrosa y

das de extinción y difíciles de criar en cautividad. Pero si se llega a este caso, sería el triste reconocimiento de nuestro fracaso en conservarlas por medios más simples y naturales. Además, lo más probable es que, debido a que la clonación no aporta diversidad genética, la especie estuviera **abocada** de todas formas a la "muerte genética", condenada quizás a vivir en zoológicos o en condiciones altamente artificiales, casi como piezas de un museo viviente.

Clonación en humanos

Sabemos que los caracteres que muestra un ser humano se deben por una parte a los genes que ha heredado de sus **progenitores** y por otra a la influencia del medio ambiente. Mediante la clonación se obtiene un individuo que posee los mismos genes que el padre o la madre, la reproducción sexual se sustituye por la reproducción artificial, con la diferencia de que el material genético lo aporta una única persona, de modo que el individuo clonado tendrá los mismos genes. El clon no es una copia totalmente idéntica al anterior, ya que está demostrado científicamente que sus rasgos pueden ser diferentes. Por lo tanto, no se puede conseguir una copia exacta. Respecto al aspecto físico de cada persona, los cambios en su imagen se deben a que los grupos de células se activan en un determinado momento, pudiendo no ser exactamente el mismo en el individuo clónico. La personalidad tampoco sería idéntica, ya que depende de varios factores como la educación y el ambiente en que crezca.

---

extremada.

abocado: expuesto o amenazado.

progenitor: pariente en línea recta ascendente de una persona.

Otra cuestión son las enfermedades hereditarias. Mediante la reproducción sexual sólo existe un porcentaje de posibilidades de que los descendientes las hereden, pero mediante la clonación existe el 100% de posibilidades de que el clon las padezca, a menos que se manipule genéticamente al **embrión** clónico. Además, la manipulación de genes por humanos puede producir más fácilmente una mutación.

Algunos de los fines más importantes que se deben conseguir con la clonación en humanos serían tratar la infertilidad para conseguir descendencia, evitar la transmisión de determinadas enfermedades hereditarias y crear un donante compatible con personas enfermas. Se trabaja todavía en el plano experimental y aún queda mucho que aprender sobre los aspectos técnicos y biológicos.

Esta técnica, que poco a poco se pone a punto en animales, puede ser aplicada a los humanos. Las últimas noticias nos hablan de células madre humanas clonadas, tomadas de embriones humanos. Esta idea es la que ha despertado una mezcla de fascinación y temor en la opinión pública. La ciudadanía actual reconoce positivo el avance del conocimiento para el bienestar, pero es igualmente consciente de que puede producir problemas en el medio ambiente, además de que para muchos colectivos amenaza sus valores y creencias.

Volviendo a la idea de la individualidad de los humanos clónicos, no tiene sentido hablar en este sentido de “fotocopias humanas”. Mientras los gemelos comparten simultáneamente en el tiempo unas mismas características genéticas totalmente nuevas, el clónico

---

embrión: ser vivo en las primeras etapas de su desarrollo, desde la fecundación hasta que el organismo adquiere las características morfológicas de la especie. En la especie humana, producto de la concepción hasta fines del tercer mes del embarazo.

y el humano originario no.

Lo que está en juego en el debate sobre la clonación no es obtener copias de Leonardo DaVinci o de Hitler. El debate de la clonación va a ser un buen campo para poner a prueba la capacidad de nuestras sociedades para discutir racional y democráticamente sobre la posibilidad de **encauzar** la tecnología.

(www.andaluciainvestiga.com)

---

encauzar: dar dirección por un cauce a una corriente. Encaminar, dirigir por buen camino un asunto, una discusión, etc.

Ejercicios

I. Vocabulario

1. Escoge las definiciones adecuadas de las siguientes palabras:

1) esqueje: 2) vástago:

3) fitosanitario: 4) embrión:

A. Renuevo o ramo tierno que brota del árbol o de otra planta.

B. Perteneciente o relativo a la prevención y curación de las enfermedades de las plantas.

C. Pariente en línea recta ascendente de una persona.

D. Secuencia de ADN que constituye la unidad funcional para la transmisión de los caracteres hereditarios.

E. Tallo o cogollo que se introduce en tierra para reproducir la planta.

F. En la especie humana, producto de la concepción hasta fines del tercer mes del embarazo.

II. Comprensión del texto

1. ¿Cuáles son las ventajas de tener plantas reproducidas por medio de la clonación?

2. ¿Cuál es el defecto definitivo de la clonación de animales?

3. ¿Cuáles serían los fines más importantes de la clonación en humanos?

III. Gramática

※ *Corrige los errores gramaticales en las siguientes oraciones.*

1. Si se impusiera este método, se tendería la uniformidad.

2. Una mutación casual generó que no tuvieran semillas y como no se pueden reproducir sexualmente, ya que son estériles, los humanos los hemos reproducido mediante clonación.

3. Se trabaja todavía el plano experimental y aún queda mucho que aprender los aspectos técnicos y biológicos.

IV. Discusión

1. Si hubiera en el futuro algún servicio para clonarte a ti mismo, ¿lo usarías para tener otro ser igual a ti?

2. ¿Qué tenemos que hacer concretamente para evitar los perjuicios de las técnicas de clonación manteniendo sus ventajas para nosotros?

3. ¿Cómo influirá la clonación en las religiones en el futuro?

Lección 13 La Luna

Objetivos :

En esta lección vas a:

- Aprender varias palabras específicas sobre ciencias naturales.
- Explicar en español cómo es la Luna, cómo se originó, y cuáles son sus fenómenos científicos.

Antes de leer :

1. ¿Quién fue el primer astrónomo que observó en detalle la Luna?
2. ¿Qué influencias de la Luna se pueden encontrar en la Tierra?
3. ¿Qué imágenes lunares se pueden encontrar en la literatura?

Vista de la Tierra sobre el horizonte lunar *(foto tomada desde el Apollo XI).*

La Luna

La Luna es el único satélite natural de la Tierra, el cual nos acompaña en nuestro viaje anual alrededor del Sol. Además, es el único cuerpo del Sistema Solar que podemos observar en detalle a simple vista o con instrumentos sencillos.

No todos los planetas poseen satélites: Mercurio y Venus no tienen ninguno. Sin embargo, la Luna es bastante más espectacular que los demás satélites: es muchísimo mayor que las lunas de Marte y sólo es comparable a las de los planetas más grandes.

La Luna gira alrededor de la Tierra describiendo una **órbita** elíptica inclinada, en uno de cuyos **focos** está nuestro planeta.

Está formada por un material bastante más liviano que el de la Tierra, con una densidad de sólo 0,6 veces la de nuestro planeta. Su núcleo, formado por elementos como el hierro, es muy pequeño, con mil kilómetros de diámetro aproximadamente. Debido a esto, la gravedad lunar es un sexto de la terrestre, de forma que una persona que en la Tierra pese 82 kg., en la Luna sólo pesará 14 kg.

órbita: trayectoria que, en el espacio, recorre un cuerpo sometido a la acción gravitatoria ejercida por los astros.

foco: punto fijo que se utiliza en la generación de las cónicas. La elipse y la hipérbola tienen dos focos, y la parábola uno solo.

Sobre el núcleo hay un **manto** rocoso, en cuya base se originan terremotos lunares leves. La capa más superficial de este satélite es la corteza, con 60 kilómetros de grosor.

Los **cráteres** de la superficie lunar se formaron en su mayoría por impactos de fragmentos de **asteroides** y hace más de mil millones de años que no se ha formado ninguno significativo.

Como no tiene atmósfera ni agua, su superficie no se deteriora con el tiempo, a no ser por el impacto ocasional de algún **meteorito**. Por eso, se considera que la Luna está fosilizada.

El origen de la Luna

Como la Luna está compuesta principalmente de silicatos, algunos científicos han sugerido que nuestro satélite fue originariamente una parte del manto de la Tierra que se volvió inestable y se separó. Sostienen que la Tierra giraba antes bastante más rápido que en la actualidad, lo que habría causado que la Luna se **desgajara**.

Sin embargo, esta hipótesis presenta un problema: la composición de la Luna es bastante distinta a la del manto de la Tierra, es relativamente pobre en elementos **volátiles** (agua, carbono, nitrógeno, azufre, mercurio, plomo) pero es rica en elementos

---

manto: capa de material que se extiende sobre una superficie.

cráter: boca por donde los volcanes arrojan humo, ceniza, lava, etc.

asteroide: cada uno de los planetas telescópicos, cuyas órbitas se hallan comprendidas, en su mayoría, entre las de Marte y Júpiter.

meteorito: fragmento de un bólido que cae sobre la Tierra.

desgajar: desgarrar, arrancar, separar con violencia la rama del tronco de donde nace.

volátil: dicho de un líquido: que se transforma espontáneamente en vapor.

refractarios (titanio, aluminio, cromo). Otra objeción es que la Tierra y la Luna juntas parecen tener un **momento angular** insuficiente para permitir la separación originaria.

Una de las teorías más aceptadas es la que afirma que la Luna se formó como consecuencia de la materia expulsada de la Tierra por el impacto de un gran meteorito o de un planeta del tamaño de Marte. Estos materiales en órbita se fueron uniendo poco a poco, mediante un proceso denominado **acreción**, hasta que se originó nuestro satélite.

Hipótesis de la captura: otros científicos sostienen que la Luna se formó en otro lugar de la **nebulosa** solar y fue después "capturada" por la Tierra. No obstante algunos científicos creen que esta captura es un fenómeno estadísticamente imposible.

Hipótesis de la precipitación: la cuarta posibilidad sostiene que la Luna se formó en una región de la nebulosa donde ya se había formado la Tierra, tal vez una nube de silicatos evaporada de la superficie terrestre debido a las altas temperaturas generadas por los impactos de las partículas. De una forma u otra, la Luna pasó cerca de la Tierra y quedó atrapada en su campo gravitatorio.

---

refractario: dicho de un material: que resiste la acción del fuego sin alterarse. 내화성(耐火性)의.

momento angular: momento cinético o ímpetu angular. Es una magnitud física importante en todas las teorías físicas de la mecánica. (전기공학 물리학용어) 회전 모멘트, 즉 강체(외력에 의한 변형이 아주 적은 물체)의 비트는 힘이 가해졌을 때 그 비트는 힘을 보존하려는 성질.

acreción: crecimiento por adición de materia, como en los depósitos minerales o los continentes.

nebulosa: materia cósmica celeste, luminosa, compuesta de polvo y gas, que ofrece diversas formas, en general de contorno impreciso.

La cara oculta

Muchas veces, tendemos a pensar que la Luna no tiene rotación, es decir, que no gira sobre sí misma, ya que siempre vemos la misma cara lunar desde la Tierra. Pero lo cierto es que la Luna gira sobre su propio eje (rotación) y al mismo tiempo se mueve alrededor de la Tierra (traslación). Entonces, si la Luna rota, ¿por qué no apreciamos ese giro?

La respuesta viene dada por el hecho de que nuestro satélite tarda el mismo tiempo en completar cada uno de sus giros de traslación que en dar cada uno de sus giros de rotación, es decir, tarda 27,3 días en dar una vuelta completa alrededor de nuestro planeta, y también tarda 27,3 días en dar una vuelta completa sobre su eje, de forma que estos dos movimientos son sincrónicos. Así, la Luna nos muestra la misma cara en todo momento, permaneciendo la cara opuesta siempre oculta. Esto explica también por qué desde cualquier punto de la Tierra vemos siempre la misma zona de la Luna.

Una luna cambiante

Aunque pueda parecernos que la Luna cambia de forma, en realidad siempre es el mismo cuerpo esférico que se mueve en torno a la Tierra. Entonces, ¿por qué hay diferentes fases lunares?

La Luna no emite luz propia: la luz que vemos en ella es sólo la luz del Sol reflejada en su superficie. Dado que la Luna se mueve alrededor de nuestro planeta, de Oeste a Este (en el mismo sentido de rotación que tiene la Tierra), la luz del Sol le llega desde posiciones diferentes, que se repiten en cada vuelta, originando cuatro fases distintas principales: Luna Nueva, Cuarto Creciente, Luna

Llena y Cuarto Menguante.

Luna Nueva

No vemos ninguna parte iluminada de ella. Se da cuando la Luna pasa entre el Sol y la Tierra, siguiendo su órbita alrededor de la Tierra.

Cuarto Creciente

La Luna ha completado un cuarto de su órbita alrededor de nuestro planeta y alcanza una posición de 90° al este del Sol. Sólo es visible una mitad del disco lunar.

Luna Llena

Aproximadamente una semana después de cuarto creciente, el disco de la Luna se ve completamente iluminado, es decir, con su cara visible frente al Sol.

Cuarto Menguante

Aproximadamente una semana después de la fase anterior, sólo se ve la mitad del disco de la Luna. Cuando se completan 29 días y medio, la Luna vuelve a su posición entre el Sol y la Tierra y comienza un nuevo ciclo o **lunación**.

---

lunación: tiempo que tarda la Luna en pasar de una conjunción con el Sol a la siguiente.

La luna y la ciencia

La Luna ha fascinado a la humanidad a través de los tiempos. A mediados del siglo XVII, Galileo y otros astrónomos realizaron observaciones telescópicas, notando ya entonces un gran **solapamiento** de cráteres en su superficie. Aunque se han averiguado muchas cosas sobre la Luna antes de la edad espacial, esta nueva era ha revelado muchos secretos difícilmente imaginables antes.

El 21 de julio de 1969, Neil Armstrong se convirtió en el primer hombre que pisó la Luna, seguido por Edwin Aldrin, dentro de la misión Apollo XI. Ellos y otros caminantes lunares han podido experimentar los efectos de la falta de atmósfera y la menor gravedad. Durante estas misiones espaciales se emplearon comunicaciones por radio entre los astronautas, ya que las ondas de sonido no viajan en el vacío.

Durante el proyecto Apollo, se instalaron cuatro **estaciones sísmicas** alimentadas por energía nuclear, para recoger datos sobre el interior de la Luna. Los Apollo y el resto de misiones lunares han vuelto a la Tierra con 382 kilogramos de rocas y suelos, que han sido estudiados revelando multitud de informaciones, tanto de la propia Luna como de otros aspectos como la formación del Sistema Solar y la Tierra.

(www.andaluciainvestiga.com)

---

solapamiento: superposición, coincidencia.
estación: emisora de radio.
sísmico: perteneciente o relativo al terremoto.

Ejercicios

I. Vocabulario

1. Escoge las definiciones adecuadas de las siguientes palabras:

1) volátil: 2) manto:

3) meteorito: 4) acreción:

5) solapamiento: 6) sísmico:

A. Cavidad de algunas llagas que presentan un orificio pequeño.

B. Cada uno de los planetas telescópicos, cuyas órbitas se hallan comprendidas, en su mayoría, entre las de Marte y Júpiter.

C. Fragmento de un bólido que cae sobre la Tierra.

D. Dicho de un líquido: que se transforma espontáneamente en vapor.

E. Capa de material que se extiende sobre una superficie.

F. Perteneciente o relativo al terremoto.

G. Crecimiento por adición de materia, como en los depósitos minerales o los continentes.

II. Comprensión del texto

1. ¿Qué planetas del Sistema Solar no poseen satélite?

CIENCIA NATURAL

2. Menciona brevemente las hipótesis que se han explicado sobre el origen de la Luna.

3. ¿Cómo se comunicaban los astronautas en el espacio durante el proyecto Apollo?

III. Gramática

※ *Corrige los errores gramaticales en las oraciones siguientes.*

1. La Luna es el único cuerpo del Sistema Solar que podamos observar en detalle a simple vista o con instrumentos sencillos.

2. Dado que la Luna mueve alrededor de nuestra planeta, de Oeste a Este (en el mismo sentido de rotación que tiene la Tierra), la luz del Sol le llega desde posiciones diferentes.

3. Sostienen que la Tierra giraba antes bastante más rápido que en la actualidad, lo que habría provocado que la Luna desgaja.

III. Discusión

1. ¿Crees que se podrá vivir en la Luna en el futuro?

2. ¿Qué opinas sobre la posible monopolización de los recursos naturales de la Luna por parte de las superpotencias?

3. ¿Qué opinas sobre el hecho de que no se use el calendario lunar en la sociedad occidental?

V

CULTURA

ellos. Si bien la suerte fue dispar, muchas de las regiones cultivadas continuaron esa tradición, tal es el caso de Francia o España.

En aquel entonces, el consumo se destinaba particularmente a las poblaciones locales y también para la misa. A partir de ese hecho, el vino se convirtió en algo de especial cuidado para los monjes y también para los monarcas devotos a la iglesia. Gracias a ellos, la calidad de los vinos fue refinándose cada vez más.

De todos modos, las mayores plantaciones de la etapa media de la producción de vinos, previo al descubrimiento de avances tecnológicos importantes, fueron obra y gracia de Carlomagno, en el siglo XII. Aun así, las mayores plantaciones que pudieron sobrevivir fueron aquellas que se encontraban cerca de ríos importantes, tal es el caso del Garona y el Loira en Francia o el Rin en Alemania. En aquellos años, se **tornaba** muy dificultoso transportar las mercancías y la cercanía a un río se hacía fundamental.

Descubrimientos y periplos

El vino, la bebida alcohólica más vieja de la que se tenga registro, ha tenido que atravesar largos **periplos** en su historia. Por ejemplo, sin ir más lejos, recién en el siglo XVII se pudo encorcharlos y embotellarlos. Y también estuvo al borde de la crisis y la ruina en el siglo XIX, cuando un **piojo** llamado Phylloxera casi hace que los productores tiren la toalla.

Que los vinos han progresado mucho en estos últimos tiempos es verdad. Pero también es cierto que para que lleguen hasta el día de

---

tornar: cambiar la naturaleza o el estado de alguien o algo.
periplo: viaje o recorrido, por lo común con regreso al punto de partida.
piojo: 이(곤충).

hoy han tenido que pasar por una serie de problemas traumáticos y descubrimientos.

En el siglo XVII se dieron muchos de los más importantes hallazgos en materia de vinos. Por ejemplo, ni más ni menos, se empezó a emplear el método de embotellados y de corchos, todo gracias a la obra de Dom Pierre Pérignon, el padre del champán.

Otra de las cosas que se descubrió, pero por accidente, durante ese siglo fueron los vinos dulces o *bouquet*. Resulta que las vides ya llegaban fermentadas por accidente a los centros de producción, afectando invariablemente a la producción final. Pero con otra buena variante.

De todos modos, para aquel entonces la calidad no era óptima. Los productores de Madeira, Jerez u Oporto se veían obligados a añadir *brandy* a sus elaboraciones y sólo el vino francés de las cercanías de París alcanzaba cotas de calidad. Pero para 1863 llegó lo peor, algo que puso en jaque la producción de vinos por largo tiempo: el piojo de la filoxera.

Este **ácaro** que atacaba las raíces de las plantas, dejó al borde de la ruina a muchos productores franceses de suma importancia. Los de Canarias y Madeira, por ejemplo, perdieron toda su cosecha. Pero, afortunadamente llegó la solución. Unas plantas de uva llegadas desde California pudieron **paliar** ese mal y el vino **encaró** su etapa productiva hasta la actualidad de forma mucho más normal.

ácaro: 진드기(곤충).
paliar: mitigar, suavizar, atenuar una pena, disgusto, etc.
encarar: hacer frente, arrostrar.

Ejercicios

I. Vocabulario

※ *Escribe los sinónimos de las siguientes palabras.*

1) disputar: 2) regocijo:

3) periplo: 4) hallazgo:

5) emplear: 6) óptimo:

II. Comprensión del texto

1. ¿Cuál es el verdadero origen del vino?

2. ¿Quién comenzó con la plantación de las uvas de manera más ardua para conseguir vinos?

3. ¿Por qué motivo el vino estuvo al borde de la crisis y la ruina en el siglo XIX?

CULTURA

III. Gramática

※ *Conjuga adecuadamente los infinitivos en letra itálica de las siguientes oraciones.*

1. Los griegos se lo atribuían al mismísimo Dionisios, la Biblia dice que fue Noé quien plantó vides luego del diluvio universal y los romanos afirmaban que Saturno (*ser)*_____. De todos modos, cierto es que a cualquiera de ellos que (*haber)*_______ sido debemos estar sumamente agradecidos.

____

____

____

2. Lo que sí es cierto es que desde el monte Ararat se difundió al resto de las civilizaciones. Ahí (*confluir)*_________ muchos ríos y los mercaderes fenicios y griegos se encargaron de distribuir el fruto por todo el Mediterráneo.

____

____

____

3. Los productores de Madeira, Jerez u Oporto se (*ver)*_______ obligados a añadir *brandy* a sus elaboraciones y sólo el vino francés de las cercanías de París alcanzaba cotas de calidad.

____

____

____

____

IV. Discusión

1. En España es fácil encontrar en los supermercados una gran variedad de vinos a precios accesibles, pero en Corea es difícil encontrarlos. ¿Por qué?

2. Si la mayoría de los coreanos no están muy acostumbrados a tomar vino, ¿eso es por su elevado precio o por su extraño sabor?

3. ¿Por qué hay más cultura de vino en los países del sur de Europa que en los del norte de Europa?

Lección 15 La Semana Santa en España

Objetivos :

En esta lección vas a:

- Aprender el vocabulario relacionado con las celebraciones religiosas.
- Conocer las costumbres en torno a la celebración de la Semana Santa.
- Practicar los tiempos pasados del verbo indefinido e imperfecto.

Antes de leer :

1. Investiga sobre el Miércoles de Ceniza. ¿Qué es? ¿Qué hace la gente ese día?

2. Busca en internet información sobre otras festividades religiosas importantes en Hispanoamérica y resume una de ellas en tu cuaderno.

La Semana Santa en España

La Semana Santa es la conmemoración anual cristiana de la Pasión, Muerte y Resurrección de Jesús de Nazaret o, lo que es igual, conmemorar sus últimos días; por ello, es un período de intensa actividad **litúrgica** dentro de las diversas confesiones cristianas.

La Semana Santa en España se celebra de una forma singular ya que constituye el festejo más trascendental en grandes ciudades como Sevilla, Málaga, Córdoba y Granada. Tiene especial relevancia en las ciudades del sur de la península, ya que los **parroquianos** suelen ser más devotos. Quizá la más conocida sea la sevillana, ya que se vive con especial fervor y por la cual todos los hoteles en Sevilla se encuentran **abarrotados** en estas fechas.

En cada ciudad, esta conmemoración de la muerte y resurrección de Cristo se vive de forma muy parecida, pero no igual, ya que la **in-**

---

litúrgico: de liturgia, ceremonia religiosa.
parroquiano: persona devota o perteneciente a una determinada parroquia.
abarrotado: (lugar) lleno por completo por personas o cosas.

dumentaria y las costumbres difieren en las distintas localizaciones.

En las ciudades más importantes existen las denominadas cofradías, que son agrupaciones de gente devota por una imagen en particular, que representa a una Virgen o a un Cristo generalmente en un momento específico de la pasión.

En ocasiones, los más devotos realizan "ofrendas" a las imágenes por las que sienten un especial aprecio. Estas ofrendas consisten en ofrecerse a hacer algo si la imagen a la que adoran les ayuda en algún problema familiar. Normalmente se ofrecen sacrificios, como el de asistir a las procesiones con los pies descalzos, o en algunas zonas más radicales, incluso a revivir los momentos más duros de la pasión, hiriéndose a sí mismos para sentir el mismo dolor que Cristo cuando acudía a la cruz.

Los días señalados en la Semana Santa son el Domingo de Ramos, el Lunes, Martes, Miércoles, Jueves, Viernes y Sábado Santos y el Domingo de Resurrección.

El inicio de esta festividad viene marcado por la primera Luna Llena posterior al Equinoccio de Primavera. El Domingo de Ramos es el domingo anterior a dicha Luna, por eso, todos los años las fechas varían.

La mitología judeo-cristiana dice que diez siglos antes había entrado en la ciudad construida por David su hijo Salomón montado en un borrico. La gente de la ciudad **aclamó** al hijo de David con gritos de *hosaanna*, (que significaba '¡viva!'). Por otra parte la profecía de Zacarías dice que el Rey de Israel entraría en la ciudad del monte Sión sobre el lomo de un **pollino** como rey de paz y como

---

indumentaria: conjunto de prendas que lleva puestas o posee una persona.
aclamar: dar voces o aplausos una multitud en honor de alguien.
pollino: asno joven y sin domar.

símbolo de los nuevos tiempos (un pollino en lugar de su madre). La **borrica** simboliza al antiguo Israel, el pueblo de la Antigua Alianza. El pollino aún no montado por nadie es la montura real y mansa del rey de la nueva alianza. Era costumbre entre las gentes reunidas para la Pascua recibir con gritos y cánticos a los nuevos grupos que llegaban. Los Reyes eran recibidos además echando mantos, ramos de olivo y palmas a los pies de las monturas reales, alfombrando el suelo para que éstos pisaran sobre ellos.

De todo este simbolismo parte toda la tradición cristiana, ya que en recuerdo a ello se celebra la bendición de las palmas y las ramas de olivo.

A lo largo de los distintos países de tradición católica, y al margen de las celebraciones litúrgicas, diversas manifestaciones populares conmemoran la Entrada en Jerusalén y, en muchos casos, dan comienzo a las procesiones de Semana Santa; son muy conocidas las procesiones de la Borriquita o de la Pollinica en algunas comunidades, que aluden a la montura de Cristo representada en las **tallas** que procesionan.

En un principio, la iglesia católica llamó a este domingo el Segundo Domingo de la Pasión; en 1970 la designación formal fue cambiada. Junto a este cambio, también se decidió que la semana anterior a la de Pascua fuera denominada como la Semana de la Pasión (antes llamada "Semana Santa" oficialmente, y todavía designada así por el público en general). De ahí que a veces podamos ver que se refieren a ella como la Semana de la Pasión, pero es lo mismo; denominaciones aparte, la Semana Santa se celebra desde el Domingo de Ramos hasta el Domingo de Resurrección.

---

borrico: burro.
talla: escultura, especialmente en madera.

Para la tradición cristiana es un día en el que se conmemora un triunfo, la entrada de Cristo en Jerusalén con el reconocimiento de un rey. A lo largo de la semana el tono es distinto ya que **rememora** la Pasión y Muerte para finalizar con la Resurrección. En este día la celebración de la misa comienza con la bendición de las palmas y ramos de olivo que llevan los asistentes y una vez comienza el **oficio** se realiza la lectura del relato completo de la Pasión, que en algunos templos es dramatizado y es leído entre tres personas para enfatizarlo más.

Dado que éste es el hecho principal que se celebra en este día, las procesiones más conocidas aluden a él; sin embargo, al ser el comienzo de todos los festejos, también nos es posible encontrar diferentes hermandades que procesionan en este día y representan otros pasajes distintos de la Pasión.

Otra curiosidad de este día que en algunos hogares se ha hecho popular es ese dicho de: "¡Domingo de Ramos! Quien no **estrena**, no tiene manos". En ese día mucha gente tiene la costumbre de estrenar algo, normalmente una prenda de vestir, lo cual dentro de la superstición popular significa que se tendrá buena suerte hasta el próximo año.

El Domingo de Resurrección es el día en que Jesucristo resucitó después de la crucifixión, cuando fue al encuentro con sus apóstoles y luego subió hacia los cielos; también es la finalización de la Se-

---

rememorar: recordar, traer algo a la memoria.
oficio: servicio religioso.
estrenar: usar una cosa por primera vez.

mana Santa.

El Domingo de Resurrección o de Pascua es importante para los católicos, ya que con la Resurrección es cuando adquiere sentido toda su religión.

En la Misa dominical este pasaje se recuerda de una manera especial. Se enciende el Cirio Pascual que representa la luz de Cristo resucitado y que permanecerá prendido hasta el día de la Ascensión, cuando Jesús sube al Cielo.

Este día de resurrección es alegre pero triste para los **cofrades**, alegre por la manifestación de la resurrección que sustenta la religión y triste porque la Semana Santa finaliza.

Se realizan diversas procesiones religiosas, en muchas ciudades como **colofón** de las fiestas desfilan representaciones de todas las cofradías, las procesiones de este día están llenas de color y alegría. Se mezclarán en los pasos **capirotes** de todos los colores que han desfilado a lo largo de la semana.

En algunas ciudades los **nazarenos** van vestidos de blanco y reparten chocolatinas a los niños; cada comunidad tiene su propio toque en las procesiones, que las hace diferentes y únicas.

Hay pocas procesiones este día. Tampoco suele congregarse mucha gente porque en muchas ciudades comienzan a preparar las calles para volver a la rutina diaria, se recogen las sillas que se utilizaban para ver los pasos, se arreglan los balcones... Las procesiones que hay suelen hacerse por la mañana y tienen el sabor de despedi-

---

cofrade: persona que pertenece a una cofradía.

colofón: complemento final de algo, remate.

capirote: cucurucho de cartón, cubierto de tela, que forma parte del hábito que llevan ciertos cofrades en las procesiones de Semana Santa.

nazareno: persona que participa como penitente en las procesiones de Semana Santa vestida con una túnica y un capirote.

da de las fiestas y la vuelta a la tranquilidad.

Tras las últimas procesiones es habitual ir a disfrutar de la gastronomía propia de la ciudad en la que nos encontramos, y de las últimas **torrijas** hasta el año siguiente. Lo mismo sucede con la tradición de los huevos de Pascua, desde el jueves es habitual comprarlos.

La tradición de los huevos de Pascua va asociada a la imagen del conejo de Pascua que también tiene su peculiar leyenda: Ésta cuenta la historia de una mujer que pintaba huevos para sus hijos en la Pascua. Una vez decidió esconderlos en el jardín en distintos nidos. Cuando los niños encontraron los huevos, un conejo saltó del nido. Entonces, ellos pensaron que el conejo les había traído los huevos y así comenzó la historia.

Esta imagen se transmitió a los Estados Unidos por los inmigrantes alemanes que llegaron al Pennsylvania Dutch Country durante el siglo XVIII. Los niños creían que si se portaban bien, el Oschter Haws, que era el nombre que daban al conejito, pondría huevos de colores. Construían nidos en lugares apartados o escondidos de la casa, el granero o el jardín, para que éste pusiera sus huevos. Más

---

torrija: dulce que consiste en una rebanada de pan empapada en leche o vino, rebozada en huevo, frita y, a veces, cubierta con azúcar o miel.

tarde empezaría la tradición de construir elaboradas cestas para poner los huevos.

Sea o no verdad, los huevos, en todas las culturas han representado el nacimiento de la nueva vida, la alegría, el renacer. De ahí que se adecuan perfectamente al sentido que este día tiene para los católicos.

Además, todo esto no es nuevo, la imagen del conejo tiene su origen en las celebraciones anglosajonas pre-cristianas... El conejo, un animal muy fértil, era el símbolo terrenal de la diosa Eastre, a quien se le dedicaba el mes de abril.

Esto unido al significado de los huevos, y el hecho de que se utilizaban éstos como moneda de pago en la Edad Medieval en estas fechas, es lo que ha dado lugar a la extraña conjunción del conejo de Pascua.

Como curiosidad, cabe añadir que el Domingo de Resurrección es el responsable de que los domingos sean los que se consideran festivos y de descanso en la semana, ya que como es una fiesta clave del calendario litúrgico, en los primeros siglos del cristianismo, gracias a ella se cambió el día dedicado al descanso y a la alabanza a Dios nuestro creador, del sábado al domingo. En la religión judía, en cambio, como no se reconoce la resurrección de Cristo, el día festivo sigue siendo el *Sabbath* o sábado.

CULTURA

Ejercicios

I. Vocabulario

Encuentra las siguientes palabras en la sopa de letras:

1. conmemoración
2. abarrotado
3. indumentaria
4. rememorar
5. colofón
6. procesión
7. festividad
8. resurrección
9. simbolismo
10. estrenar

X	X	C	I	O	D	A	D	I	V	I	T	S	E	F
C	O	I	N	D	U	M	E	N	T	A	R	I	A	X
O	S	V	N	O	I	S	E	C	O	R	P	O	Y	L
P	B	Z	K	J	Z	U	N	O	F	O	L	O	C	X
J	S	P	F	K	Q	O	C	F	Q	K	J	G	Y	I
A	B	A	R	R	O	T	A	D	O	F	K	J	Q	Ñ
G	A	N	O	I	C	A	R	O	M	E	M	N	O	C
K	J	P	U	R	A	R	O	M	E	M	E	R	H	E
H	Ñ	E	Ñ	K	K	E	X	E	Y	P	O	B	R	G
C	B	P	S	V	P	H	K	I	P	S	H	D	N	O
H	U	C	N	O	I	C	C	E	R	R	U	S	E	R
V	O	R	L	H	E	S	T	R	E	N	A	R	H	D
F	O	X	H	A	G	S	W	S	B	V	E	A	L	Q
P	H	G	S	I	M	B	O	L	I	S	M	O	S	O
N	X	D	L	E	E	Q	X	A	K	Z	W	O	Z	H

II. Comprensión del texto

Contesta a las siguientes preguntas.

1. ¿Qué sacrificios ofrecen los feligreses cuando han recibido ayuda de alguna imagen (santo)?

2. ¿Por qué es triste el Domingo de Resurrección para los feligreses?

____

____

____

____

3. ¿En qué consiste la leyenda del conejo de Pascua? Resúmela:

____

____

____

____

III. Gramática

1. Escribe una frase para cada uno de los verbos pronominales siguientes en indefinido:

1) se vive ______________________________

2) se celebra ______________________________

3) se realiza ______________________________

4) se utiliza ______________________________

5) se arregla ______________________________

2. Cambia el siguiente párrafo al imperfecto (fíjate en los verbos):

La Semana Santa en España se celebra de una forma singular ya que constituye el festejo más trascendental en grandes ciudades como Sevilla, Málaga, Córdoba y Granada. Tiene especial relevancia en las ciudades del sur de la península, ya que los parroquianos suelen ser más devotos. Quizá la más conocida sea la sevillana, ya que se vive con especial fervor y por la cual todos los hoteles en Sevilla se encuentran abarrotados en estas fechas.

IV. Discusión.

1. Según el texto, algunas personas se hieren para revivir el sufrimiento de Cristo durante la pasión. ¿Consideras esta expresión religiosa como devoción o fanatismo? Explica tu respuesta.

2. ¿Crees que en Corea algún día podrían adoptarse estas expresiones religiosas? Explica tu respuesta.

Lección 16 Día de Muertos en México

Objetivos :

En esta lección vas a:

- Conocer aspectos importantes de la cultura mexicana en torno a las celebraciones populares.
- Adquirir vocabulario propio de la región.
- Reflexionar sobre las similitudes en las costumbres de México con las de tu país.

Antes de leer :

1. Imagina la actitud que crees que tienen los mexicanos en una fecha en la que se recuerda a los muertos. Por ejemplo: si lo hacen con solemnidad, alegría, tristeza, etc. Descríbelo en tu cuaderno.

2. Busca imágenes en internet sobre el "Día de Muertos en Pátzcuaro" y escribe tus impresiones sobre ellas.

Día de Muertos en México

Los orígenes de la celebración del Día de Muertos en México son anteriores a la llegada de los españoles.

Para los antiguos mexicanos la Muerte no tenía las connotaciones morales como en la religión católica en la que las ideas de infierno y paraíso sirven para castigar o premiar. Por el contrario ellos creían que los rumbos destinados a las almas de los muertos estaban determinados por el tipo de muerte que habían tenido y no por su comportamiento en la vida.

Los lugares a los que podían llegar los muertos eran:

Tlalocan o paraíso de Tláloc (dios de la lluvia): A este sitio **se dirigían** aquellos que morían en circunstancias relacionadas con el agua: los ahogados, los que morían por efecto de un rayo, por enfermedades como la gota o la hidropesía, la sarna o las bubas así como también los niños sacrificados al dios. El *Tlalocan* era un lugar de reposo y de abundancia. Aunque los muertos eran generalmente **incinerados**, los predestinados a Tláloc eran enterrados como las semillas para germinar.

Omeyocan, paraíso del sol presidido por Huitzilopochtli (dios de

---

dirigirse: irse.
incinerado: quemado.

la guerra): Aquí llegaban sólo los muertos en combate, los cautivos que eran sacrificados y las mujeres que morían en el parto. Estas mujeres eran comparadas a los guerreros, ya que habían librado una gran batalla, la de parir. Dentro de la escala de valores mesoamericana el hecho de habitar el *Omeyocan* era un privilegio, este era un lugar de gozo permanente en el que se festejaba al sol y se le acompañaba con música, cantos y bailes. Los muertos que iban al *Omeyocan*, después de cuatro años volvían al mundo convertidos en aves de plumas multicolores y hermosas.

Mictlán, destinado a quienes morían de muerte natural: Este lugar era habitado por Mictlantecuhtli y Mictecacíhuatl (señor y señora de la muerte). Era un sitio muy oscuro sin ventanas, del que ya no era posible salir.

El camino para llegar al *Mictlán* era muy **tortuoso** y difícil, pues para llegar a él las almas debían transitar por distintos lugares durante cuatro años. Después de este tiempo las almas llegaban al *Chignahuamictlán*, lugar donde descansaban o desaparecían las almas de los muertos. Para recorrer este camino los muertos eran enterrados con un perro el cual les ayudaría a cruzar un río y llegar ante Mictlantecuhtli, a quien debían entregar como **ofrenda** atados de **teas** y cañas de perfume, algodón, hilos colorados y mantas.

---

tortuoso: sinuoso, con muchas vueltas.
ofrenda: ofrecimiento.
tea: trozo de leña.

Los niños muertos tenían un lugar especial llamado *Chichihuacuauhco* donde se encontraba un árbol de cuyas ramas goteaba leche para que se alimentaran. Los niños que llegaban aquí volverían a la tierra cuando se destruyese la raza que la habitaba. De esta forma, de la muerte renacería la vida.

En la era prehispánica era común la práctica de conservar los cráneos como trofeos y mostrarlos durante los rituales que simbolizaban la muerte y el renacimiento.

Los **entierros** prehispánicos estaban acompañados de ofrendas que contenían dos tipos de objetos: los que en vida habían sido utilizados por el muerto y los que podría necesitar en su tránsito al inframundo.

Por lo anteriormente dicho, en la actualidad el Día de Muertos es una celebración mexicana de origen prehispánico que honra a los difuntos el 2 de noviembre, comienza el 1 de noviembre, y coincide con las celebraciones católicas de Día de los Fieles Difuntos y Todos los Santos.

Esta festividad mexicana y centroamericana, se celebra también en muchas comunidades de los Estados Unidos, donde existe una gran población mexicana y centroamericana. La Unesco ha declarado esta festividad Patrimonio Cultural Inmaterial de la Humanidad. El Día de Muertos es un día festejado también en el Brasil, como *Dia dos Finados*, aunque esta festividad no tiene las mismas raíces prehispánicas que la festividad mexicana.

---

entierro: sepultura.

La muerte es un símbolo emblemático que ha causado admiración, temor e incertidumbre al ser humano a través de la historia. Por muchos años, en diversas culturas se han generado creencias en torno a la muerte que han logrado desarrollar toda una serie de ritos y tradiciones ya sea para **venerarla**, honrarla, espantarla e incluso para burlarse de ella. México es un país rico en cultura y tradiciones; uno de los principales aspectos que conforman su identidad como nación es la concepción que se tiene sobre la muerte y todas las tradiciones y creencias que giran en torno a ella.

De cualquier modo, hay que destacar que esta celebración no es propia de todos los mexicanos puesto que, pese a ser una fiesta que se ha convertido en un símbolo nacional y que como tal es enseñada (con fines educativos) en las escuelas del país, existen muchas familias que son más apegadas a celebrar el "Día de Todos los Santos" como lo hacen en otros países católicos. Además, cabe mencionar la fuerte influencia de los Estados Unidos que, al menos en zonas fronterizas, se evidencia con la presencia de la fiesta conocida como *Halloween*, la cual se celebra cada año con más frecuencia y en un mayor número de hogares. De ahí también que exista una inquietud entre los propios mexicanos de querer preservar el Día de Muertos como parte de la cultura mexicana sobre otras celebraciones parecidas.

Calaveritas

Se los llama así tanto a las rimas, versos satíricos como a los grabados que ilustran calaveras disfrazadas o bien de dulce descritas a

---

venerar: reverenciar.

continuación:

• *Rimas*: también llamadas "*calaveras*", son en realidad epitafios humorísticos de personas aún vivas que constan de versos donde la muerte (personificada) bromea con personajes de la vida real, haciendo alusión sobre alguna característica peculiar de la persona en cuestión. Finalizan con frases donde se expone que se lo llevará a la tumba. Es muy común dedicar las "calaveritas" a personajes públicos, en especial a políticos en el poder. En muchos casos la rima habla del aludido como si estuviera ya muerto.

• *Grabados*: Litografías, generalmente del Maestro José Guadalupe Posada, que aunque no dibujó específicamente para el Día de Muertos, sino que eran caricaturas con las cuales colaboraba en diferentes publicaciones de principios del siglo XX, en México se usan en estas fechas por sus alusiones a la muerte festiva.

• *De dulce*: Son dulces en forma de cráneo, generalmente realizadas de dulce de azúcar, chocolate, amaranto, entre otros. Generalmente son vendidas en los tradicionales mercados denominados "Todos Santos", además de en tiendas comerciales, **tianguis**, etc.

---

tianguis: mercadillo.

Ejercicios

I. Vocabulario

1. Relaciona las palabras de la columna de la izquierda con los contrarios de la derecha.

anterior	recto
antiguo	vivo
cautivo	libre
oscuro	omitido
tortuoso	semejante
difunto	luminoso
aludido	moderno
distinto	posterior

2. Escribe el sinónimo de las siguientes palabras.

anterior ____________________

antiguo ____________________

cautivo ____________________

oscuro ____________________

tortuoso ____________________

difunto ____________________

aludido ____________________

distinto ____________________

CULTURA

II. Comprensión del texto

1. Contesta a las siguientes preguntas.

1) Lugar de esparcimiento para los muertos, según los antiguos mexicanos:

____

____

2) En la época prehispánica se sepultaba a los difuntos con dos tipos de cosas. Escríbelo:

____

____

2. Contesta verdadero (V) o falso (F).

	V	F
1) Vivir en *Omeyocan* era una desdicha.		
2) El Día de Muertos tiene sus orígenes en la celebración estadounidense de *Halloween*.		
3) El frijol, el maíz, el chile y la calabaza son los cuatro principales alimentos del país.		
4) Todos los mexicanos celebran el Día de Muertos.		

III. Gramática

1. Subraya la preposición correcta (por o para):

1) Los antiguos mexicanos creían que los rumbos destinados a las

almas de los muertos estaban determinados **para/por** el tipo de muerte que habían tenido y no **para/por** su comportamiento en la vida.

2) El camino **para/por** llegar al *Mictlán* era muy tortuoso y difícil.

3) **Para/Por** muchos años, en diversas culturas se han generado creencias en torno a la muerte que han logrado desarrollar toda una serie de ritos y tradiciones **para/por** venerarla…

IV. Discusión.

1. Se dice que los mexicanos pueden bromear o reír sobre el tema de la muerte. ¿Qué opinas al respecto?

____

____

____

2. ¿Se parece esta celebración mexicana a alguna celebración coreana? ¿A cuál? ¿En qué se parecen?

____

____

____

VI

SOCIOLOGÍA

Lección 17

Nuevas tecnologías y transformaciones en las relaciones sociales

Objetivos :

En esta lección vas a:

- Pensar y escribir sobre la importancia que las nuevas tecnologías tienen en tu vida.
- Mejorar tu comprensión y expresión en español mediante ejercicios de antónimos y perífrasis verbales.
- Discutir con tus compañeros sobre las ventajas e inconvenientes del empleo de las nuevas tecnologías.

Antes de leer :

1. ¿Las nuevas tecnologías de la información y la comunicación son importantes en tu vida? Cuenta en 10 líneas un día en tu vida cotidiana si de repente te quedaras sin móvil e Internet.
2. ¿Qué crees que podrás hacer en el futuro gracias al avance de las tecnologías de la información y la comunicación?

(Foto con licencia CC)

Nuevas tecnologías y transformaciones en las relaciones sociales

Las nuevas tecnologías de la información y la comunicación (TIC) están cambiando la manera en que las personas se relacionan en sociedad y es previsible que todavía la cambien más en un futuro próximo.

Por ejemplo, en lo relativo a las lenguas y la comunicación, la traducción automática ha sido quizás uno de los primeros retos que se han afrontado por los desarrolladores de software pero hasta el momento las soluciones siempre han tenido una utilidad limitada. Sin embargo, es previsible que, gracias al incremento en la capacidad de computación y procesado de información, la traducción automática y en tiempo real sea una realidad en un futuro próximo. Este avance abrirá enormes posibilidades de acceso al conocimiento y de comunicación verbal y escrita, superando barreras lingüísticas que hoy en día suponen un importante hándicap para los hablantes de lenguas minoritarias.

La red ofrece nuevas oportunidades a las lenguas y a sus culturas, más allá del potencial en infraestructuras de telecomunicaciones de los países que las hablan, representando uno de los elementos centrales que configuran las sociedades emergentes. Los puentes lingüísticos pueden ser, finalmente, una de las mejores armas contra la **brecha digital**. La diversidad lingüística va a **revalorizarse** en un entorno digital más activo y **multipolar**.

Las transformaciones en el modo de relacionarnos socialmente están muy relacionadas con los cambios en la información, como el de la evolución de la capacidad de almacenamiento y procesamiento de datos. Las tecnologías de la información, y en especial Internet, han generado un proceso de digitalización de nuestras vidas y de nuestras actividades sociales, económicas o políticas. Es un fenómeno aún reciente y gradual pero que se acelera en los últimos años.

La información digital no ha dejado de crecer desde el nacimiento de las tecnologías digitales. En este proceso, que no parece reducirse en los últimos años, han influido factores tecnológicos y culturales. Por una parte la capacidad de procesado no ha dejado de incrementarse y ha seguido la conocida como ley de Moore que predice que aproximadamente cada 18 meses se duplica el número de transistores en un circuito integrado. Pero además crece la base de usuarios y, al tiempo, aumenta la producción de información de cada individuo.

La irrupción de la web 2.0 y la creación de contenidos audiovisuales (con fenómenos tan espectaculares como el de YouTube) han originado un aumento en la velocidad de crecimiento de la información digital. Estos nuevos desarrollos tecnológicos han conducido a un nuevo cambio cultural y social, posiblemente más acelerado que el anterior, que ha acabado por reconfigurar el modo en que se crea,

---

brecha digital: diferencia de recursos tecnológicos entre ricos y pobres.
revalorizar: aumentar el valor de algo.
multipolar: (Física) que tiene más de dos polos.

distribuye y usa el conocimiento. Se aplica la denominación de web 2.0 a un conjunto de herramientas que permiten la creación y publicación de contenidos digitales y que facilitan su gestión (utilizando por ejemplo sistemas de etiquetado generados por los propios usuarios) y reutilización. Los usuarios, sin necesidad de un conocimiento técnico especializado, pueden convertirse en creadores y gestores avanzados de conocimiento y, además, pueden trabajar organizados en redes sin necesidad de su formalización e institucionalización.

Otro cambio fundamental en la información es el de la revolución de los datos personales, pues la vida se digitaliza por la combinación de capacidad de almacenamiento y procesado y la existencia de **dispositivos** y sensores **ubicuos**. En estos momentos ya no es **descabellado** un registro digital continuo y **pormenorizado** de nuestras vidas, dado que existen los sistemas de registro y la capacidad de almacenamiento que lo hace posible. Por ejemplo, esto sucede ya en el proyecto MyLifeBits de Gordon Bell, un científico de Microsoft, que lleva 11 años registrando todos los pormenores de su vida creando una memoria digital que recoge hasta sus más pequeños detalles.

Ahora que el reto tecnológico parece absolutamente alcanzable, el debate y la especulación se sitúan en las consecuencias de la digitalización de todos los aspectos de nuestra vida y, en especial, en cuestiones relacionadas con la privacidad o la capacidad de control.

---

dispositivo: mecanismo o artificio dispuesto para producir una acción prevista.
ubicuo: que está presente a un mismo tiempo en todas partes.
descabellado: que va fuera de orden, concierto o razón.
pormenorizado: en detalle.

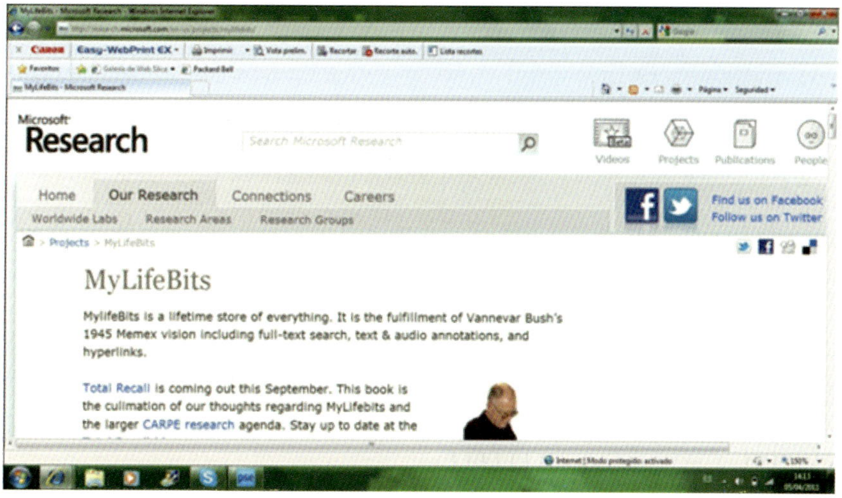

Un aspecto destacable de la revolución de la información y la comunicación es que, dado que los contenidos en la era digital se hacen extraordinariamente abundantes, se devalúan, por lo que cabe preguntarse dónde está el nuevo valor. Todo indica que se traslada a los nuevos *curators* digitales, susceptibles de convertirse en *brokers* de conocimiento si con su actividad concentran poder o beneficios económicos. La exuberancia de la información incrementa el valor del filtrado y la agregación y da lugar a la personalización del consumo de información.

Por supuesto, los *curators* o comisarios digitales no siempre son personas, en ocasiones son comunidades apoyadas en, o incluso herramientas dotadas de, protocolos que automatizan en gran medida el trabajo de comisariado. Las marcas, las empresas de medios y muchos individuos se acabarán convirtiendo en comisarios digitales, cuya actividad principal no será ya la creación de contenido. De hecho, mientras que el crecimiento continuado de los contenidos los devalúa, este mismo proceso hace que **surjan** continuamente

surgir: aparecer.

nuevos nichos que pueden ser explotados por estos comisarios.

Claramente, la figura del comisario digital se está definiendo aún en estos momentos y se puede especular con tres futuros alternativos para la gestión del conocimiento en la era digital:

- Un futuro caótico y pesimista donde los comisarios acaban por fracasar dando lugar a una crisis derivada de la **sobreabundancia** de contenidos y la falta de autoridades tradicionales.
- Un futuro basado en nuevas formas de control, en el que algunos de los actores relevantes en estos procesos (desde los proveedores de acceso a las redes de telecomunicaciones a los grandes proveedores de contenidos y de servicios digitales) consigan limitar, por medios tecnológicos, económicos o legales, la capacidad de acceso y remezcla de contenidos digitales por parte de los usuarios. Estos nuevos actores podrían convertirse en comisarios impuestos.
- Como una tercera alternativa, un futuro de abundancia y libertad en que los usuarios, pero también las empresas, las marcas y todo tipo de organizaciones, con la formación tecnológica e intelectual adecuada, puedan construir sus propios filtros y autoridades para manejar los flujos continuos de información y extraer conocimiento útil para cada momento.

---

sobreabundancia: cantidad excesiva.

En relación con estos escenarios de futuro, los nuevos comisarios digitales o *brokers* de conocimiento podrían acabar por convertirse en figuras clave que influyan decisivamente sobre decisiones empresariales y políticas.

Pero si hablamos de cambios en la información, no podemos dejar de mencionar el fin del periodismo como lo conocemos actualmente, lo que no significa su desaparición sino una nueva concepción del mismo.

El éxito de una campaña en Internet, publicitaria o política, tiene una relación estrecha con que aparezca en los medios de comunicación tradicionales. Esa relación éxito-aparición es muy clara en la actualidad. Y algo que podría explicar esa relación (necesaria) en el presente y sobre todo en el futuro, entre el éxito de una campaña en Internet y su aparición en los medios tradicionales, tiene que ver con los cambios que están ocurriendo en los medios de comunicación *mainstream* y los medios de comunicación *grassroot*.

Los medios de comunicación *mainstream* son los tradicionales: periódicos, radio y, en especial, televisión. Los medios de comunicación *grassroot* son aquellos producidos desde abajo, gracias a contenidos generados por los usuarios/entusiastas (no profesionales).

Ambas tipologías de medios de comunicación no están enfrentadas, como a veces parece que se quiere ver, sino que su relación es y será diferente. Para Henry Jenkins, el poder de los medios de comunicación *mainstream* está en la amplificación de la información, mientras el de los medios de comunicación *grassroot* está en su diversificación, por lo que es probable y deseable que se vaya hacia una convergencia de ambos. Sólo esta convergencia puede fomentar la participación y el desarrollo de una inteligencia colectiva.

Los *grassroot media* tendrán cada vez más importancia a la hora de informarse, pero en el momento de dar a conocer una noticia o una información a todo el público, seguiremos contando con los *mainstream media*, aunque seguramente no serán como los conocemos en la actualidad.

Juan Freire y Antoni Gutiérrez-Rubí,
del libro 2010-2020. 32 tendencias de cambio
(texto adaptado).

Ejercicios

I. Vocabulario

1. Busca en el texto los antónimos o contrarios de las siguientes 15 palabras:

Manual	Disminución	Ficción
Lejano	Mayoritarias	Barreras
Analógico	Pasivo	Involución
Súbito	Destrucción	Ralentizado
Relativamente	Secundario	Escasez

II. Comprensión del texto

1. ¿Por qué hay actualmente una preocupación por la privacidad y el control de la información?

____

____

____

____

2. ¿Dónde está el nuevo valor de los contenidos informativos según los autores?

____

____

____

3. ¿Cuál será el futuro de la gestión del conocimiento en la era digital?

4. ¿Qué diferencia hay entre medios de comunicación *mainstream y grassroot*?

III. Gramática

1. Escribe frases de significado similar al de las siguientes sin utilizar **perífrasis verbales**:

A. La información digital no **ha dejado de crecer** desde el nacimiento de las tecnologías digitales.

B. Por una parte, la capacidad de procesado no **ha dejado de incrementarse**.

C. Estos nuevos desarrollos tecnológicos han conducido a un nuevo cambio cultural y social que **ha acabado por reconfigurar** el modo en que se crea, distribuye y usa el conocimiento.

D. Por ejemplo, esto sucede ya en el proyecto MyLifeBits de Gordon Bell, un científico de Microsoft que **lleva registrando** 11 años todos los pormenores de su vida.

E. Los nuevos comisarios digitales o *brokers* de conocimiento podrían **acabar por convertirse** en figuras clave que influyan decisivamente sobre decisiones empresariales y políticas.

SOCIOLOGÍA

IV. Discusión

1. ¿Crees que el desarrollo de las nuevas tecnologías supone una amenaza para la privacidad o la libertad de las personas? ¿Por qué sí o por qué no?

2. ¿Qué ventajas y qué inconvenientes tiene la información de Internet? ¿Crees que en el futuro habrá una gestión del conocimiento mejor que la de ahora?

3. Imaginad que sois comisarios digitales. ¿Cómo gestionaríais la información que llega a los usuarios de Internet a través de vosotros?

Lección 18

La delincuencia transnacional

Carta abierta a un jefe del crimen organizado mexicano

Objetivos :

En esta lección vas a:

- Familiarizarte con el género epistolar.
- Responder a preguntas abiertas sobre el texto y pasar de estilo directo a indirecto.
- Escribir un correo electrónico a un amigo y resumir la carta abierta de Gómez-Peña.

Antes de leer :

* *Contesta a las tres preguntas siguientes por escrito brevemente. Después, lee el texto y comprueba si tus predicciones se cumplen. Escribe las diferencias que hayas encontrado.*

1. El texto que vamos a leer en esta lección es una carta. ¿Qué sabes del género epistolar? ¿Qué características del género piensas que vas a encontrar en el texto?

2. Por el título del texto, ¿qué palabras o expresiones crees que van a aparecer en él?

3. ¿Recuerdas alguna noticia reciente sobre el crimen organizado en México? ¿Qué decía? ¿Crees que en el texto se va a hablar de algo parecido? ¿De qué?

La delincuencia transnacional

Desgraciadamente, el crimen organizado es una realidad social cada vez más presente en el mundo globalizado actual y de consecuencias dramáticas y muy visibles. En Sudamérica y Centroamérica, está especialmente relacionado con el narcotráfico. El texto de esta lección expone muchos de los factores y de las consecuencias del problema y constituye un recurso para el aprendizaje de competencias pragmáticas y lingüísticas, así como para alentar la reflexión y el debate.

Carta abierta a un jefe del crimen organizado mexicano

Señor XXX,

Señor de los cielos y de las playas, las carreteras y los **tráileres** :

1. Jamás nos hemos encontrado cara a cara y espero que eso nunca suceda. Aunque no me conoce, sus acciones afectan a mi vida cotidiana de manera profunda. Yo soy uno de los cientos de miles de mexicanos a los que usted ha cortado el **cordón umbilical** con la patria. Me duele confesarlo, pero mis visitas a México son cada vez menos frecuentes porque gente como usted ha hecho de él un lugar terrible, una zona de guerra. He perdido mi país de origen por la violencia y el miedo, la violencia que ayudó a crear y el miedo que impone.

---

carta abierta: carta pública.
tráiler: (del inglés) camión grande para el transporte de mercancías.
cordón umbilical: conducto por el que la madre alimenta al feto durante el embarazo.

2. No he tenido la oportunidad de llorar por México. No he tenido tiempo para llorar por los 30.000 casos documentados de personas asesinadas por el crimen organizado en los últimos tres años. Son mexicanos asesinados por otros mexicanos como usted, por no hablar de los miles más que han desaparecido en el desierto de Arizona, que andan perdidos en el comercio sexual binacional o que están enterrados en alguna **fosa común**.

¡Todo sucedió tan rápido...! La delirante guerra declarada por el presidente Felipe Calderón contra los de su clase; también su propia guerra interna contra los cárteles por el control de territorios estratégicos, y el número de víctimas civiles inocentes. Luego tuvimos los secuestros **al por mayor** y los "**levantones**", asesinatos ejemplares con decapitaciones y mutilaciones ahora conocidas en todo el mundo. Después han llegado los bombardeos y asaltos a comisarías, centros penitenciarios, restaurantes y clubes nocturnos, y masacres abominables que se asemejan a las de los pretéritos escuadrones de la muerte colombianos y centroamericanos.

¡Está sucediendo tan rápido…! Sin descanso. En menos de una década, México se ha convertido en uno de los países más violentos del mundo, con cifras mensuales de víctimas mortales más altas que las de las guerras de Iraq y Afganistán. La violencia es ahora nuestra narrativa, titular del día y paisaje cultural.

---

fosa común: lugar donde se entierra a los muertos sin tumba propia.

al por mayor: (término comercial) en grandes cantidades.

"levantón": acción de los narcotraficantes contra sus colaboradores por deudas, traiciones, enemistad…

3. Por desgracia, hablo de primera mano: la violencia ha dañado directamente a mi familia y amigos. Uno de mis primos más cercanos recibió 22 puñaladas de un sicario que pasó menos de dos meses en la cárcel por su crimen. A mi madre, de 88 años, le han robado a punta de pistola dos veces. Otros parientes y amigos míos han sido golpeados, atracados y secuestrados por policías en su **nómina**, **seudopolicías** y pandilleros adolescentes. Y mucha gente que conocía murió por el fuego cruzado, simplemente por estar en el lugar equivocado en el momento equivocado, es decir, en cualquier lugar y a cualquier hora. Y esto no sucedió en Bagdad, Ramala, Kabul o Kinshasa. Se llevó a cabo en Ciudad de México, en Monterrey, Guadalajara, Ciudad de Chihuahua, Tijuana, Juárez, Veracruz, Morelia, y en muchas otras ciudades que aprendí a amar durante los viajes a mi ex país cuando era joven. Hoy en día, estos lugares figuran en las listas de sitios peligrosos de las agencias de viajes, lo que contribuye a la destrucción del turismo en México.

4. Debido a la saturación emocional, todavía no he comprendido qué es exactamente lo que salió mal. ¿Quién tiene la culpa de esta locura? ¿El presidente Calderón, por forzarnos a todos a entrar en una guerra que no podíamos ganar? ¿La gente como usted, que lleva a cabo los actos de violencia, o los políticos, militares y policías que lo protegen? ¿Los consumidores y los distribuidores de drogas de EE.UU., que crean la demanda,

---

nómina: lista de personas que reciben un sueldo o salario por su trabajo.
seudopolicía: falso policía.

los **mercenarios gringos** que le venden las armas de alta tecnología, o los medios de comunicación global que hacen un espectáculo de su crueldad y publicitan su campaña de terror? Todo el mundo parece desempeñar un papel importante en esta película en 3D que tiene consecuencias reales.

Yo entiendo el problema de la desigualdad y la pobreza, de la gran distancia, cada vez mayor, entre ricos y pobres. Y por qué la gente, cuando se enfrenta a un futuro de desempleo y desesperación, tiene que elegir entre dos opciones igualmente dramáticas: emigrar hacia el Norte, a un país que los odia, o trabajar para usted, aspirar a ser como usted. Cuando uno no tiene empleo, ni acceso a la educación, ni una vivienda digna para sus seres queridos, le parece mucho más fácil unirse al crimen organizado que permanecer desempleado o subempleado, trabajando con todas las de perder por casi nada. En el día de su detención, un joven asesino a sueldo dijo a un periodista: "¡Hola **culero**! ¿Cuál es la diferencia entre la pinche muerte por hambre o morir por una bala en su corazón?" Esto no es difícil de comprender: es la globalización mal entendida, la historia de un estado-nación disfuncional a punto de perder el control, en el contexto de una cultura pop transnacional que ha barrido nuestra identidad histórica, desgarrado aún más el precario tejido social y convertido a los jóvenes en consumidores de deseos extremos y buscadores de éxito inmediato. Todo esto ha hecho más fácil que personas como usted existan.

---

mercenario: quien trabaja en la guerra para un poder extranjero a cambio de dinero.
gringo: (coloquial) de EE.UU.
culero: mala persona.

5. Y también existe el terror generado por su crueldad exhibicionista. En el mapa del crimen organizado, que ahora abarca más de la mitad del territorio de México, la población civil se despierta todos los días con temor. Temor al propio secuestro o al de un familiar, miedo de salir y convertirse en una víctima al azar de la violencia, temor de que te roben, te golpeen, **te baleen**, te mutilen, te violen. Las imágenes espantosas que documentan los crímenes e, indirectamente, diseminan el temor, aparecen a diario en las primeras páginas de los periódicos y constituyen la mitad de los noticieros nacionales. En You Tube, algunos de los videos de sus venganzas se hicieron más populares que los de las decapitaciones de Al Qaeda. Su sadismo está cuidadosamente preparado. ¿Para quién lo escenifica?

6. Su imperio de la violencia no se detiene en la frontera. Los jóvenes pandilleros que trabajan para usted en México están conectados a otras bandas de EE.UU. Estas bandas estadounidenses están formadas por adolescentes mexicanos y salvadoreños, norteños, sureños y miembros de la **mara** Salvatrucha que también se matan entre sí, por las drogas que usted pasa de contrabando o por asegurar su prestigio. Sé que muchos padres mexicanos en los EE.UU. han perdido a sus hijos por la violencia que usted ha instigado, colaborando con los cárteles de otros países. He asistido a varios entierros. Y cuando los que sobreviven a esa eterna guerra de pandillas en nuestros barrios latinos de EE.UU. son deportados de vuelta a casa, se unen a las pandillas locales. En este círculo vicioso, lo van a perder

---

te baleen: te disparen balas.
mara: pandilla de muchachos.

todo: sus familiares y amigos, su identidad y, finalmente, sus vidas. Todo lo que queda son algunas canciones de *hip hop* y documentales *indie* con la crónica de su corta vida.

7. Usted debe saber que las principales noticias sobre México en los EE.UU. se refieren a la violencia de los cárteles. Es comprensible que cuando los americanos anglosajones ven estas noticias en la televisión se asusten de los mexicanos y de México. Esto alimenta la actual histeria anti mexicanos y se traduce en leyes irracionales contra la inmigración, lo que hace más difícil que se trate como a iguales a los inmigrantes latinos en los EE.UU. Como es probable que usted tenga varios familiares y amigos en los EE.UU., estoy seguro de que tiene que pensar en estos asuntos.

8. Hoy, al escribir esta carta, tengo más preguntas para usted: ¿Alguna vez se siente triste y llora en secreto? ¿Tiene dificultades para **conciliar el sueño**? ¿A veces se mira en el espejo y se siente avergonzado o enojado con usted mismo? ¿No teme por la vida de sus seres queridos? ¿De verdad cree que **Malverde**, **Judas Tadeo** y la **Santa Muerte** le protegen bien? ¿Está usted dispuesto a pagar el alto precio de poner a sus familiares y amigos en peligro a cambio de una vida relativamente corta sin restricciones de poder, sexo y *glamour*? ¿Los peligros diarios que asume valen la pena por las películas, telenovelas y **corri-**

---

conciliar el sueño: dormirse.
Malverde: especie de Robin Hood o bandido generoso mexicano.
Judas Tadeo: uno de los doce apóstoles de Jesucristo, santo patrón de las causas difíciles.
Santa Muerte: figura de culto religioso en México.

dos que usted inspira? ¿No se ha preguntado nunca si una tregua con otros cárteles podría ser beneficiosa para usted y para todo el país? ¿Soy un ingenuo por hacerle estas preguntas?

9. Por el momento, todo lo que tengo es mi arte y mis palabras para replicar y hacerme oír. La mitad de los proyectos artísticos y de los escritos en los que actualmente trabajo tienen un tema central: la cultura de la violencia a ambos lados de la frontera. Ocupa mucho de mi arte y me gustaría que no lo hiciera. Me gustaría poder volver a hacer arte y a escribir sobre otras cuestiones con humor y alegría. Lamentablemente, de momento mi tristeza y mi indignación no lo permitirán. Realmente deseo volver algún día a México y vivir en paz en mi antiguo barrio.

10. Yo no soy el único.

Guillermo Gómez-Peña
Huérfano de dos naciones-estados
California, El Otro México, 2010
(Texto adaptado)

---

corrido: tipo de baile mexicano y su música con letras.

Ejercicios

I. Vocabulario

1. Lee otra vez el texto y escribe todas las palabras que aparecen en él relacionadas con la violencia y con la comunicación.

____

____

2. Encuentra en el texto sin utilizar el diccionario los sinónimos de las siguientes palabras y expresiones:

Diaria	→	**Cotidiana**
Surrealista	→	
Matón	→	
Familiares	→	
Asaltados	→	
Bandidos	→	
Diferencia	→	
Pretender	→	
Decente	→	
Rompiendo	→	
Pobre	→	
A la suerte	→	
Provocado	→	
Enfadado	→	
Preparado	→	

3. Di igual que en el texto lo que aparece **en negrita**:

Ej.) Él y yo nos vimos **en persona**. Él y yo nos vimos **cara a cara**.

1) Lo sabe **por experiencia propia**.

____

2) Me asaltaron **amenazándome con una navaja**.

____

3) Todos parecen **representar un rol** fundamental en el problema.

____

4) Estoy trabajando **avocado al fracaso** por casi nada.

____

5) La globalización ha **hecho desaparecer** su identidad nacional.

____

6) Muchas personas caen en **esta espiral sin salida** de las drogas.

____

7) El miedo a los mexicanos **se convierte** en leyes irracionales contra la inmigración.

____

8) ¿No **le preocupa que puedan morir** sus seres queridos?

____

II. Comprensión del Texto

Contesta a las siguientes preguntas según lo que dice el autor (ahora sí puedes usar el diccionario):

1. ¿Cuántos mexicanos han tenido que abandonar su país debido al crimen organizado?

2. ¿Qué interviene en la destrucción del turismo en México y cómo?

3. ¿Quiénes parecen tener alguna responsabilidad en el crimen organizado mexicano?

4. ¿Qué motiva las "leyes irracionales contra la inmigración" en los EE.UU.?

III. Gramática

1. - Cambia todo el punto 8 de la carta de estilo directo a indirecto.
Puedes empezar así:

"Gómez-Peña, al escribir la carta, tiene más preguntas para el jefe del crimen organizado mexicano, como si alguna vez se siente triste y llora en secreto, si tiene dificultades para conciliar el sueño o, si a veces, cuando se mira en el espejo, se siente avergonzado o enojado consigo mismo. También, si no teme por la vida de sus seres queridos…"

2. - Ahora, imagina que recibes el siguiente correo electrónico:
Responde al correo incluyendo en la contestación el resumen que pide tu amigo.

Estimado amigo/a:

Como te dije la semana pasada, me encantaría que colaborases en mi *blog* sobre la sociedad latinoamericana. ¿Podrías escribirme de qué habla la carta abierta de Gómez-Peña en 10 líneas para publicarlo en la sección de reseñas?

Muchas gracias de antemano y hasta luego.

Bae So-yun.

IV. Discusión

Habla en pareja con tu compañero sobre las siguientes cuestiones (vuestro profesor os preguntará después para que digáis lo que pensáis al resto de la clase):

1. ¿Qué creéis que quiere decir Gómez-Peña cuando escribe: "La violencia es ahora nuestra narrativa, titular del día y paisaje cultural"?

2. El autor dice que la gente de México, cuando se enfrenta a un futuro de desempleo y desesperación, tiene que elegir entre dos opciones igualmente dramáticas: emigrar hacia el Norte, a un país que odia a los mexicanos, o trabajar para el crimen organizado, aspirando a ser como el jefe de la banda. ¿Estáis de acuerdo con esto?

3. En el texto se habla mucho de los factores que intervienen en el problema del crimen organizado pero muy poco de las posibles soluciones. ¿Qué medidas creéis que ayudarían a acabar con el crimen organizado y el narcotráfico en México?

Lección 19

Los cambios en el aprendizaje

Objetivos :

En esta lección vas a:

- Aprender el significado y el uso correcto de algunas expresiones idiomáticas.
- Repasar el uso del gerundio.
- Hacer que participas en un foro de internet para expresar tu opinión sobre cuestiones del texto, empleando preguntas retóricas, la ironía y expresiones de sospecha.

Antes de leer :

**Contesta brevemente y por escrito a las dos preguntas.*

1. ¿Qué cambios crees que ha habido en la forma de enseñar y de aprender en tu universidad debido a las nuevas tecnologías? ¿Todos te parecen buenos?

2. ¿Se te ocurre algo para mejorar la enseñanza y el aprendizaje en tus estudios universitarios a través de las nuevas tecnologías?

Las nuevas tecnologías han cambiado mucho nuestras vidas en los últimos 20 años, posibilitando formas de comunicación entre las personas inimaginables hasta hace poco tiempo. La educación, al ser una actividad de la comunicación humana, está transformando sus métodos para adaptarse al entorno actual, especialmente en los estudios universitarios.

Tendencias educativas en la sociedad de las tecnologías de la información

El de la educación es un sector tradicionalmente poco dado a novedades y cambios. Sin embargo, la actual revolución tecnológica afectará (está afectando ya, de hecho) a la educación formal de múltiples maneras. Así lo señalan los diversos documentos, estudios, congresos, etc., **auspiciados** por la Unión Europea (UE), sobre la sociedad de la información. En casi todos ellos se destaca un hecho importante: la sociedad de la información será la sociedad del conocimiento y del aprendizaje. Hay varias ideas fundamentales sobre el papel de las nuevas tecnologías en la educación de la sociedad de la información que es necesario destacar.

---

auspiciado: patrocinado, favorecido, ayudado.

En primer lugar, el ritmo de cambio de nuestra sociedad es tan rápido que los sistemas de **formación** inicial no pueden dar respuesta a todas las necesidades presentes y futuras de la sociedad. Hace años que somos conscientes de que la formación debe prolongarse durante toda la vida y de que el **reciclaje** y la formación continuada son elementos clave en una sociedad desarrollada y moderna. Sin embargo, los importantes cambios que las nuevas tecnologías están introduciendo en los puestos de trabajo han hecho este principio mucho más evidente que antes. Se están creando nuevos sectores productivos relacionados con dichas tecnologías, otros se transforman por la introducción de nuevas formas de organización y, finalmente, es posible que desaparezcan muchos puestos de trabajo como subproducto de la revolución tecnológica. Por eso, en la sociedad de la información deberán crearse los mecanismos necesarios para que dicha formación continuada alcance a la gran cantidad de personas que, presumiblemente, van a necesitar nuevos conocimientos, habilidades y destrezas. En este punto, las nuevas tecnologías tienen un papel relevante, no sólo como contenido de la formación, sino como medio para hacer llegar dicha formación a sus destinatarios.

El Libro Blanco sobre la Educación y la Formación de la Comisión Europea (1995), ante los nuevos retos de la sociedad de la información, la mundialización y la civilización científica y tecnológica, propone una primera respuesta centrada en la cultura general como base de futuras especializaciones y aprendizajes y como

---

formación: educación.

reciclaje: formación nueva o complementaria para que los trabajadores actualicen sus conocimientos o cambien de especialidad.

"instrumento de comprensión del mundo al margen de los marcos de enseñanza". "La cultura literaria y filosófica [...] permite discernir, desarrolla el sentido crítico del individuo, incluso contra la ideología dominante, y puede proteger mejor al individuo contra la manipulación al permitirle descifrar la información que recibe".

Uno de los peligros de la sociedad de la información que destacan los expertos es el hecho de dejar el desarrollo de las acciones formativas a la iniciativa privada y a las leyes del mercado. No existe ninguna garantía de que sin intervención de los poderes públicos se proporcione la necesaria formación a los grupos que más la necesitan, sino sólo a quien pueda pagarla. En diversos informes se habla del peligro de una nueva fuente de discriminación, de una división entre "inforricos" e "infopobres". Nuestra sociedad considera la información una mercancía más, sujeta a las leyes del mercado. Los poderes públicos deben garantizar el acceso de todos a la información y la formación necesarias para ser ciudadanos críticos y responsables.

Un segundo aspecto, relacionado directamente con el anterior, hace referencia a la ampliación de los escenarios educativos. La formación y el reciclaje, en tanto que elementos estratégicos para la competitividad, estarán cada vez más presentes en la vida laboral de los trabajadores. La formación en el puesto de trabajo o en el hogar (que será también el centro de trabajo para muchas personas) se combinará con la recibida en las instituciones tradicionales. Los roles de profesores, alumnos y personal de apoyo deben adaptarse a los nuevos entornos. No sólo se trata de adquirir conocimientos generales sobre cómo usar los nuevos medios, sino también de las implicaciones de dichos tipos de comunicación en los procesos de enseñanza/aprendizaje. Los estudiantes deberán adoptar un papel mucho más activo y protagonizar su formación en un ambiente muy rico en información.

La deslocalización de la información y la disponibilidad de nuevos canales de comunicación están empezando a tener efectos notables en las **instituciones educativas superiores** tradicionales. El más evidente es la globalización de algunos mercados educativos. Así, muchas instituciones comienzan a competir en un renovado mercado de formación a distancia a través de las redes telemáticas. La perspectiva tradicional de la educación a distancia está cambiando a pasos agigantados. Las redes no sólo sirven ya como vehículo para hacer llegar a los estudiantes materiales de autoestudio (sustituyendo al cartero), sino también para crear un entorno fluido y multimedia de comunicaciones entre profesores y alumnos (telementorazgo y teletutoría) y, tal vez lo más necesario en la actualidad, entre los propios alumnos (aprendizaje colaborativo). Clases a través de videoconferencia, entornos de trabajo en grupo, distribución por línea de materiales multimedia, etc., van siendo habituales en la educación a distancia.

Las instituciones que ofrecen formación presencial están comenzando a utilizar las nuevas tecnologías como recurso didáctico y como herramienta para flexibilizar los entornos de enseñanza/aprendizaje. No es **descabellado** pensar en programas mixtos, en

---

instituciones educativas superiores: universidades. (La enseñanza superior es la enseñanza universitaria.)

descabellado: algo sin orden ni razón.

los que los estudiantes asistan a unas pocas clases y sigan formándose en sus casas o puestos de trabajo a través de los recursos en línea de la institución, a la vez que puedan contactar con sus profesores cuando lo necesiten. Este grado de flexibilidad permitirá que muchas personas con obligaciones familiares o laborales puedan seguir formándose a lo largo de toda su vida.

La perspectiva tradicional en educación superior, por ejemplo, del profesor como única fuente de información y sabiduría y de los estudiantes como receptores pasivos debe dar paso a papeles bastante diferentes. La información y el conocimiento que se pueden conseguir en las redes informáticas en la actualidad son **ingentes**. Cualquier estudiante universitario, utilizando Internet, puede conseguir información de la que su profesor tardará meses en disponer por los canales tradicionales. La misión del profesor en entornos ricos en información es la de facilitador, la de guía y consejero sobre fuentes apropiadas de información, la de creador de hábitos y **destrezas** en la búsqueda, selección y tratamiento de la información. En estos entornos, la experiencia, la **meta-información**, los "trucos del oficio", etc., son más importantes que la propia información, accesible por otros medios más eficientes. Los estudiantes, por su parte, deben adoptar un papel mucho más importante en su formación, no sólo como meros receptores pasivos de lo generado por el profesor, sino como agentes activos en la búsqueda, selección, procesamiento y asimilación de la información.

---

ingente: muy grande.
destreza: habilidad.
meta-información: información sobre información.

Por otra parte, los nuevos canales abren un **frente** en los conocimientos y destrezas del profesor. Debe utilizarlos y ayudar a utilizarlos a sus estudiantes como una herramienta al servicio de su autoformación. De hecho, cada vez en más universidades, los profesores atienden sus tutorías también por correo electrónico, tienen páginas web con los programas de sus asignaturas y las lecturas recomendadas (si están disponibles en formato electrónico) y utilizan los nuevos canales como medio de comunicación y para reforzar la interacción de los estudiantes (por ejemplo, a través de experiencias formativas en las que participan estudiantes y profesores de diversas universidades). Las telecomunicaciones abren posibilidades metodológicas y didácticas insospechadas. Los estudiantes de una institución pueden acceder a través de las redes a datos, publicaciones, **actas** de congresos y simposios, etc., pero también comunicarse con profesores y expertos de otras instituciones, con los que intercambiar ideas y opiniones.

Sin embargo, las formas tradicionales de enseñanza han resistido perfectamente los **embates** de la imprenta y la fotocopiadora. No sería extraño que resistieran también a las redes informáticas y los multimedia.

En relación con los materiales de enseñanza, la digitalización y los nuevos soportes electrónicos están dando lugar a nuevas formas de almacenar y presentar la información. Los tutoriales multimedia, las bases de datos en línea, las bibliotecas electrónicas, los hiper-

---

frente: (militar) línea de terreno en la que se enfrentan o luchan entre sí dos ejércitos continuadamente.

acta: documento que cuenta lo sucedido en una reunión o junta.

embate: golpe.

textos distribuidos, etc., son nuevas maneras de presentar y acceder al conocimiento que superan en determinados contextos las formas tradicionales de la explicación oral, la pizarra, los apuntes y el manual. No es necesario explicar las bondades de las simulaciones de procesos, la representación gráfica, la integración de texto, imagen y sonido o de la navegación hipertextual. En el futuro, este tipo de soportes serán utilizados de modo creciente en todos los niveles educativos.

Las herramientas de autor permitirán que los profesores, además de utilizar materiales comerciales, desarrollen ellos mismos sus propios materiales, adaptados al contexto de sus estudiantes. Un ejemplo del proceso que estamos viviendo es cómo se están transformando las bibliotecas universitarias. De simples depósitos de libros y revistas con salas de lectura anexas, están pasando a ofrecer múltiples fuentes de información electrónica. El primer paso fue la adquisición de bases de datos en CD ROM, un soporte material para la información que hizo que los bibliotecarios más tradicionales, acostumbrados a "manejar" objetos, sintieran escasamente amenazados sus puestos de trabajo. A fin de cuentas, a los CD ROM también se les pueden pegar **tejuelos**. Ahora, sin embargo, se ha impuesto el paradigma de la biblioteca electrónica o "biblioteca sin muros", en la que las fuentes de información están en formato electrónico y almacenadas en dispositivos accesibles en cualquier lugar de la red informática. Los usuarios acceden a sus servicios a través de los ordenadores de sus despachos. El ciclo de producción y distribución del libro y la publicación periódica, que pasa del formato digital al analógico, se acortará cuando se garantice (si ello es posi-

---

tejuelo: papel escrito que se pega al lomo de los libros para ordenarlos y encontrarlos en las estanterías de las bibliotecas.

ble: el ejemplo es lo que sucede en la industria del *software*) el derecho de copia. Aunque parece inevitable que de la cadena edición-reproducción-distribución-venta desaparezcan algunos **eslabones**. A la sombra de la explosión informática ha aparecido toda una industria y un mercado de materiales formativos en soportes tecnológicos, paralelo a la institución escolar, que invade las librerías y los quioscos y que ha dado lugar a un nuevo concepto: *"edutainment"*, "edutenimiento" o "eduversión", un híbrido entre educación y entretenimiento. Sin embargo, este tipo de productos son típicos de una etapa anterior en la que la información era todavía codificada sobre objetos. En el futuro asistiremos a una explosión de "edutenimiento" accesible a través de Internet, previo pago de su importe, naturalmente. Las grandes editoriales de materiales educativos ya están en ello.

Jordi Adell (texto adaptado)

---

eslabón: pieza que con otras forma una cadena.

Ejercicios

I. Vocabulario

1. Lee el texto y después busca en él todas las palabras compuestas o prefijadas. Haz dos grupos con ellas: el de las relacionadas con la información y la comunicación, y con la formación y el estudio. ¿Hay alguna palabra que no pertenezca a ninguno de los dos grupos? ¿Cuáles? ¿Con qué están relacionadas?

Ej: "Inforricos" es una palabra compuesta y está relacionada con la información.

2. En pareja, habla con tu compañero para averiguar el significado de las siguientes expresiones del texto (podéis utilizar el diccionario):

1) Ser poco dado a algo.

2) Abrir un frente en algo.

3) Estar a la sombra de algo.

4) Estar en ello.

Tu profesor te preguntará después para exponerlo al resto de la clase y escribirás una oración con cada expresión.

II. Comprensión del Texto

Contesta a las siguientes preguntas:

1. ¿Por qué es peligroso que sólo la iniciativa privada se ocupe de la educación?

2. ¿En qué debe cambiar el papel de los alumnos en la formación con las nuevas tecnologías?

3. ¿Por qué se está globalizando el mercado de la educación superior a distancia, habiendo cada vez más competencia?

4. ¿Cuáles son los materiales educativos del futuro?

____

____

III. Gramática

¿Recuerdas los usos correctos del gerundio en español? Completa los espacios en blanco de las siguientes oraciones utilizando una o varias palabras y el verbo entre paréntesis en su forma correspondiente:

1. Los profesores tendrán que cambiar su método ________ (adaptar) a las posibilidades de las nuevas tecnologías.

2. Ahora se necesitan profesionales ________ (dominar) el manejo de las tecnologías de la información y de la comunicación.

3. El modelo de la educación superior a distancia está ________ (cambiar) en todo el mundo.

4. Los alumnos terminarán ________ (responsabilizarse) más de su propia educación en el futuro.

5. Los nuevos materiales educativos, ________ (desarrollarse) my rápidamente, facilitarán aún más la enseñanza a distancia.

6. En la sociedad de la información y el conocimiento han surgido nuevas formas de comunicación entre las personas, ________ (aparecer) métodos educativos hasta ahora desconocidos.

IV. Discusión

1. Una intervención sobre el tema de esta lección en un foro de internet podría ser la siguiente:

"A mí la educación a distancia me parece muy bien para que las personas que no puedan estudiar presencialmente aprendan cuando quieran. Pero, ¿de verdad alguien se cree que la calidad de la enseñanza es igual? ¿Que se pueden evaluar los conocimientos del estudiante con la misma eficacia en un examen a distancia que en uno presencial? Además, ¡como hay tantas titulaciones a distancia que examinan al alumno...! No sé, no sé... ¿No será que aquí se están imponiendo una vez más los intereses del mercado a los de los consumidores?"

Busca ejemplos en ella de:

1) Preguntas retóricas

2) Ironía

3) Expresiones de sospecha

2. Ahora, imagina que participas en ese foro de internet. Contesta brevemente a una de las tres preguntas siguientes por escrito utilizando preguntas retóricas, la ironía y expresiones de sospecha:

1) ¿Crees que el crecimiento del mercado de la formación y la mayor competencia en él están aumentando en general la calidad de la educación? ¿Por qué?

2) ¿Piensas que la educación mixta (sólo presencial en parte) y a distancia es más eficaz y eficiente? Argumenta tu respuesta.

3) ¿Qué ventajas tiene la educación a través del entretenimiento o la diversión sobre la formación tradicional? ¿Cuál debe ser el papel del profesor al respecto?

Cuando hayas terminado, intercambia tu intervención con la de tu compañero de al lado para que responda a ella por escrito en unas cinco líneas y te la devuelva. El profesor os preguntará después para que leáis vuestras opiniones en alto.

Lección 20

Diversidad cultural y convivencia social

Objetivos :

En esta lección vas a:

- Conocer algo más sobre los problemas de convivencia social en España en los que interviene la diversidad cultural, a través de la comprensión del texto.
- Repasar el uso de las preposiciones en diferentes contextos.
- Expresar tu opinión y debatir con tus compañeros sobre esta problemática y su posible presencia en Corea.

Antes de leer :

1. ¿Has oído hablar del problema español de los nacionalismos? ¿Y de la "normalización cultural y lingüística"? ¿En qué consisten?

2. ¿Sabes cómo está organizada España territorialmente? Escribe un texto breve sobre ello.

Bandera independentista catalana en una calle de Barcelona *(Foto con licencia CC)*

Diversidad cultural y convivencia social

Uno de los **aspectos** que podría ser oportuno **tener en cuenta** a la hora de empezar a reflexionar sobre el tema de la diversidad cultural, es preguntarse por qué **surge** ahora, en la sociedad española, el interés por este hecho. Creo que estaríamos relativamente de acuerdo si dijéramos que la sociedad española contemporánea, por primera vez, empieza a tener conciencia de que, en su interior, se están produciendo un conjunto de cambios relacionados con la diversidad cultural que ya no se pueden explicar estrictamente desde la perspectiva de las relaciones sociales, tal y como se había hecho hasta ahora. Nos damos cuenta de que son unos cambios que van más allá de la estricta dimensión social y económica, ya que están relacionados con otros aspectos más firmes, más profundos, de la vida social, como es, por ejemplo, la propia identidad. Nos referimos a cambios que están transformando la sociedad española en una sociedad multicultural, una sociedad que no se puede seguir concibiendo en términos monoculturales.

La primera consecuencia de este cambio ha sido el reciente «des-

---

aspecto: elemento, faceta o matiz de algo.
tener en cuenta: considerar.
surge: aparece, sale.

cubrimiento» de la diversidad cultural en la sociedad, en las calles, en las escuelas, en los supermercados, en los puestos de trabajo; teniendo en cuenta que este cambio se está produciendo fundamentalmente de la mano de la inmigración, aunque no exclusivamente. Es así como, casi sin darse cuenta, los españoles ven que viven en una sociedad que se hace multicultural y que, por tanto, está obligada a repensar, entre otras cosas, el actual modelo de relaciones sociales para adaptarlo a esta nueva circunstancia.

Una segunda consecuencia de este cambio la encontramos en la necesidad de trasladar al campo político esta reflexión sobre la diversidad cultural, para encontrar fórmulas que hagan posible la convivencia multicultural, tanto en lo estatal entre las diferentes culturas del Estado, como en lo comunitario entre las diferentes culturas presentes en una sociedad.

Pero no es la primera vez que la sociedad española se encuentra en una situación parecida y, por tanto, ya se tiene cierta experiencia histórica a la hora de tratar la diversidad cultural. Judíos, árabes, indios, gitanos, han obligado, en diferentes momentos de la historia de España, a plantearse lo que supone la convivencia con otras culturas, lo que supone la construcción de un nuevo modelo de relaciones sociales en el que tengan lugar diferentes formas de ver el mundo, de casarse, de trabajar, de educar a los hijos, de **pasar el rato**, o, en definitiva, la creación de un nuevo modelo de sociedad construido sobre la base de más de una cultura.

De todos es conocido el tipo de respuestas que ha dado históricamente la sociedad española a cada una de estas circunstancias: guetos, expulsiones, **reducciones** de indios, conversiones forzadas,

---

pasar el rato: entretenerse, divertirse cuando no se tiene nada que hacer.
reducción: conversión al cristianismo de los indígenas.

La Ikurriña -bandera del País Vasco- (izquierda) y la Señera -bandera de Cataluña-, en primer término en un torneo de ajedrez. *(Foto con licencia CC)*

estatutos de pureza de sangre, marginaciones, explotaciones, prejuicios, xenofobia y racismo han ido marcando este recorrido, dejándonos una carga costosa de superar.

Pero entonces, ¿qué tiene de especial el momento actual en relación al pasado, por lo que se refiere a la realidad multicultural? Pues que ahora, al menos formalmente, esta realidad se produce en un contexto sociopolítico nuevo, con unas instituciones democráticas encargadas de organizar la vida social y en el que ya no es posible reproducir los mismos tipos de respuesta que se han dado históricamente al fenómeno de la diversidad cultural. Hoy, además del pluralismo democrático y la libertad de expresión, también están presentes de forma ineludible, como principios fundamentales que defender, los derechos humanos, la solidaridad, la tolerancia y el antirracismo, todos ellos **ausentes** en nuestro pasado histórico.

El problema que se esconde detrás de este hecho puede resumirse en las siguientes preguntas: ¿cuál es el modelo de sociedad que tenemos que tomar como referencia para organizar nuestra vida social en un contexto multicultural? Si tenemos en cuenta que, por un lado, somos seres humanos que compartimos una serie de derechos (los llamados derechos humanos) que nos hacen iguales, independientemente de nuestro origen y cultura, y que por otro lado somos

---

ausente: no presente.

poseedores de una cultura concreta y determinada que utilizamos para poder vivir en sociedad y para construir nuestra identidad, entonces, ¿qué tipo de articulación se tiene que establecer entre las diferentes culturas en el interior de la misma sociedad para llegar a esa convivencia?

Si bien desde el punto de vista de las reglas del juego político parece que la sociedad española ha encontrado formalmente el camino para la convivencia y el diálogo a través de la Constitución y la democracia parlamentaria, desde el punto de vista de las relaciones interculturales, este modelo está todavía en fase de construcción.

En este sentido, una de las principales dificultades con las que se encuentran los españoles para construir este modelo es que están sometidos a una triple tensión, por lo que se refiere al trato que tienen que dar a la diversidad cultural.

La primera y más cercana en el tiempo es la tensión derivada del llamado proceso de "normalización cultural" que se está produciendo en Cataluña en el nuevo contexto democrático. Todos sabemos lo que esto supone y está suponiendo: una redefinición de los **rasgos** culturales de identidad, un proceso de "normalización lingüística" que trata de **revalorizar** la lengua catalana frente a la castellana, una definición de nuevos tipos de relaciones culturales, etc. Por ejemplo, hoy en día, ya no podemos definir lo que significa ser catalán desde un punto de vista esencialista diciendo que lo es el que es hijo de catalanes o el que habla catalán, sino que tenemos que formular propuestas más situacionales, como la que afirma que es catalán el que vive y trabaja en Cataluña, el que ha nacido en Cataluña, o simplemente el que se siente catalán o paga los impuestos

---

rasgo: peculiaridad, propiedad o nota distintiva. Característica que diferencia algo del resto.
revalorizar: devolver a algo el valor o estimación que había perdido.

en Cataluña. Es en este contexto donde hay que trabajar para dar una respuesta **consensuada** a preguntas del tipo: ¿gitanos, negros o magrebíes catalanes o bien catalanes de cultura gitana, catalanes de color o catalanes de origen magrebí? Al responder a estas preguntas se estará definiendo cuál es el modelo de sociedad multicultural que se quiere y, por lo tanto, cuál es el modelo de relaciones sociales que se desea defender para hacer posible la convivencia social y cultural.

La segunda tensión es la derivada del proceso de definición del nuevo modelo de Estado. En España existen problemas para ponerse de acuerdo sobre el tipo de unidades político-administrativas en las que proyectar las diferencias socioculturales: comunidad autónoma, región, nación, comunidad «foral», etc., que en última instancia no son más que traducciones al lenguaje político de estas diferencias, sin olvidar la importancia y el peso que tienen el mantenimiento de las señas de identidad y la perpetuación de los rasgos culturales sobre los que se apoya esta identidad.

Es en este nuevo contexto donde hay que encontrar la respuesta consensuada a preguntas como la de qué significa ser español, hoy en día, desde un punto de vista de la identidad, o bien, la de cómo articular la identidad cultural catalana con la española en un mismo espacio de convivencia.

La tercera tensión a la que están sometidos en la sociedad española es la del proceso de construcción europea. Este nuevo reto todavía es más difícil de resolver que los anteriores, ya que la experiencia histórica no juega a favor. Si se quiere construir una Europa unida, hay que fortalecer más, entre otras cosas, la identidad común

---

consensuado: decidido por acuerdo o pacto entre dos o más partes.

Mapa político de España. *(Foto con licencia CC)*

europea.

Como se puede ver, todas estas preguntas sólo podrán obtener respuesta si se plantean en el marco de una política de tratamiento de la diversidad cultural que esté al servicio de un proyecto político común. Si no se hace así, fácilmente puede llegar la **instrumentalización** y la manipulación de esta diversidad cultural para ponerla al servicio de otros intereses, como desgraciadamente ha pasado no hace mucho en Serbia y Croacia.

Es por este motivo que la diversidad cultural tiene que ser tratada con mucho cuidado, dados los peligros que ideológicamente pueden estar escondidos bajo discursos como el que está haciendo en Francia el Frente Nacional cuando, utilizando la defensa del derecho a la diferencia cultural, está construyendo un proyecto político excluyente, xenófobo y racista. Sin perder de vista estos peligros,

---

instrumentalizar: utilizar algo o a alguien como instrumento para conseguir un fin.

hay que seguir trabajando en la defensa del derecho al reconocimiento de las diferencias culturales, pero siempre en un contexto de igualdad social donde los derechos humanos fundamentales estén por encima de los derechos colectivos adquiridos por razones de pertenencia o adscripción a una cultura determinada.

Joan Lluís Alegret (texto adaptado).

SOCIOLOGÍA

Ejercicios

I. Vocabulario

1. - Escribe las quince palabras siguientes en dos columnas: adjetivos y nombres en el texto.

Diversidad, estricta, firmes, conversiones, pureza, sociopolítico, democráticas, tolerancia, parlamentaria, tensión, consensuada, xenófobo, racista, común, colectivos.

¿Cuáles pueden pertenecer a la otra columna en otros contextos?

2. - Tres de las quince palabras anteriores están directamente relacionadas con la política. ¿Cuáles son?

II. Comprensión del Texto

1. - ¿Qué respuesta social se ha dado históricamente en España al fenómeno de la diversidad cultural?

2. - ¿A qué tres tensiones está sometida la sociedad española en relación con la diversidad cultural?

3. - ¿Cómo debe entenderse hoy la identidad cultural según el autor?

4. - ¿En qué consiste la instrumentalización de la diversidad cultural? ¿Por qué es peligrosa?

III. Gramática

1. - Emplea la preposición adecuada en caso de que sea necesaria:

A. ___ la hora de pensar sobre el problema, conviene ___ considerar algunas cuestiones.

B. La verdad es que nunca tuve conciencia ___ que lo supieras.

C. ¿Te das cuenta ___ que los problemas de convivencia social son muy frecuentes en España?

D. Los cambios están ahora relacionados ____ aspectos más profundos que antes.

E. Diferentes pueblos les han obligado ____ plantearse la convivencia con otras culturas.

IV. Discusión

1. - ¿Crees que existen problemas de diversidad cultural y convivencia social en Corea? ¿Piensas que tu país podrá tener este tipo de problemas en el futuro?

2. - ¿Estás a favor de que se entienda la identidad cultural desde un punto de vista más situacional que esencialista? ¿Por qué sí o por qué no?

3. - ¿Qué opinas de la instrumentalización política de las diferencias culturales y sociales? ¿Crees que sucede en tu país?

스페인어 텍스트 산책

초판 1쇄 발행 2012년 2월 28일
초판 2쇄 발행 2014년 6월 30일
초판 3쇄 발행 2021년 2월 26일

지은이 한국외국어대학교 스페인어과
김수진, 문남권, 윤용욱, Daniel Barajas de Santiago, Gerardo Gómez Michel, Víctor Hugo Cortés López
발행인 윤성우 Director, University Knowledge Press
편집장 신선호 Executive Knowledge Contents Creator
전자책 · 도서편집 장혜린 Contents Creator
도서편집 이근영 Contents Creator
재무관리 조아라 Managing Creator
발행처 한국외국어대학교 지식출판콘텐츠원
02450 서울특별시 동대문구 이문로 107
전화 02)2173-2493~7
팩스 02)2173-3363
홈페이지 http://press.hufs.ac.kr
전자우편 press@hufs.ac.kr
출판등록 제6-6호(1969. 4. 30)
편집 · 디자인 (주)이환디앤비 02)2254-4301
인쇄 · 제본 (주)케이프린텍 053)313-3673

ISBN 978-89-7464-714-8 13770 정가 14,000원

*잘못된 책은 교환하여 드립니다.

HUiNE은 한국외국어대학교 지식출판콘텐츠원의 어학 및 사회과학도서 Sub Brand이다. 한국외대의 영문명인 HUFS, 현명한 국제전문가 양성의(International+Intelligent)의 의미를 담고 있으며, 휴인(携引)의 뜻인 '이끌다, 끌고 나가다'라는 의미처럼 출판계를 이끄는 리더로서, 혁신의 이미지를 담고 있다.